"十四五"时期国家重点出版物出版专项规划项目·重大出版工程规划

中国工程院重大咨询项目成果文库

新兴产业发展战略研究（2035）丛书

丛书主编：周济　邬贺铨

数字创意产业发展战略研究（2035）

潘云鹤　丁文华　吴志强　孙守迁　汤永川　等　著

科 学 出 版 社

北 京

内 容 简 介

本书系统阐述了数字创意产业的概念、特征、主要领域和产业分类，分析了典型发达国家数字创意产业发展新动态及趋势。同时，从多个维度，总结了我国数字创意产业发展情况及发展态势，研究了我国重点城市数字创意产业发展情况，并指出我国数字创意产业创新发展存在的问题和主要技术瓶颈。在此基础上，本书重点研究了"十四五"时期数字创意产业的发展目标和重点发展方向，提出了面向 2035 的数字创意产业发展路线图，以及发展数字创意产业的相关对策措施和建议。

本书有助于社会各界人士了解我国当前数字创意产业的总体情况和发展态势，可供各级领导干部、有关决策部门、产业界、学术界及社会公众阅读参考。

图书在版编目（CIP）数据

数字创意产业发展战略研究：2035 / 潘云鹤等著. —北京：科学出版社，2021.12

（新兴产业发展战略研究（2035）丛书 / 周济，邬贺铨主编）

中国工程院重大咨询项目成果文库

ISBN 978-7-03-070632-4

Ⅰ. ①数… Ⅱ. ①潘… Ⅲ. ①数字技术-应用-文化产业-产业发展-研究-中国-2035 Ⅳ. ①G124-39

中国版本图书馆 CIP 数据核字（2021）第 235240 号

责任编辑：郝　悦 / 责任校对：贾娜娜
责任印制：赵　博 / 封面设计：有道设计

科 学 出 版 社 出版

北京东黄城根北街 16 号
邮政编码：100717
http://www.sciencep.com

三河市春园印刷有限公司印刷
科学出版社发行　各地新华书店经销

*

2021 年 12 月第 一 版　开本：720×1000　1/16
2025 年 1 月第三次印刷　印张：6 3/4
字数：140 000

定价：118.00 元

（如有印装质量问题，我社负责调换）

新兴产业发展战略研究（2035）丛书
编委会名单

顾　问：

徐匡迪

编委会主任：

周　济　　邬贺铨

编委会副主任：

陈左宁　　王礼恒　　屠海令　　尤　政

编委会成员（以姓氏笔画为序）：

丁一汇	丁文华	丁文江	才鸿年	万建民	王一德
王威琪	王恩东	王海舟	邓中翰	邓宗全	卢秉恒
卢锡城	叶奇蓁	曲久辉	多　吉	邬江兴	刘韵洁
刘德培	衣宝廉	孙　聪	孙逢春	李　卫	李　松
李　骏	李兰娟	李伯虎	李国杰	杨小牛	杨华勇
杨志峰	杨胜利	吾守尔·斯拉木		吴　锋	吴　澄
吴孔明	吴以成	吴伟仁	吴志强	吴曼青	余少华
余贻鑫	沈倍奋	张玉卓	张兴栋	张伯礼	陈　坚
陈　勇	陈立泉	陈学东	陈祥宝	陈清泰	欧阳平凯
欧阳明高	岳国君	周　济	周志成	郑裕国	屈贤明
郝吉明	柳百成	钟志华	侯惠民	倪光南	徐志磊

凌　文　　彭苏萍　　蒋庄德　　韩英铎　　程　京　　舒印彪
谭天伟　　谭建荣　　潘云鹤　　薛　澜

工作组组长：

周　源　　陈璐怡

工作组（以姓氏笔画为序）：

王　磊　　王海南　　孙旭东　　陈必强　　陈璐怡　　苗仲桢
赵丽萌　　赵鸿滨　　姜玲玲　　徐国仙　　高雨辰　　陶　利
曹雪华　　崔　剑　　戴培超

数字创意产业发展战略研究（2035）

课题组组长： 潘云鹤　　中国工程院　院士

课题组副组长：

丁文华　　中国工程院　院士

吴志强　　中国工程院　院士

孙守迁　　浙江大学　　教授

课题组成员：

徐志磊　　中国工程院　院士

汤永川　　浙江大学　　教授

周明全　　北京师范大学　教授

王效杰　　深圳职业技术学院　教授

王振中　　中央广播电视总台　教授级高级工程师

刘曦卉　　香港理工大学　助理教授

李　斌　　深圳大学　副教授

邓晃煌　　浙江大学

邓　磊　　深圳大学

黄江杰　　浙江大学/梧州学院

王妙辉　　深圳大学

徐国仙　　浙江大学

范雷东　　深圳大学

袁　圆　　深圳大学

叶晓云　　浙江大学

闵　歆　　浙江大学

杜雅军　　浙江大学

张　雪　　浙江大学

丛 书 序

2021 年是"十四五"开局之年，必须立足新发展阶段、贯彻新发展理念、构建新发展格局，加快发展壮大战略性新兴产业。战略性新兴产业是以重大技术突破和重大发展需求为基础，对经济社会全局和长远发展具有重大引领带动作用的产业，具有知识技术密集、物质资源消耗少、成长潜力大、综合效益好等特点。面对当前错综复杂的国际国内新形势，发展战略性新兴产业是建设社会主义现代化强国，推动经济发展新动能的重要任务，也是促进我国经济高质量发展的关键。

战略性新兴产业是引领国家未来发展的重要力量，是主要经济体国际竞争的焦点。习近平总书记指出，要以培育具有核心竞争力的主导产业为主攻方向，围绕产业链部署创新链，发展科技含量高、市场竞争力强、带动作用大、经济效益好的战略性新兴产业，把科技创新真正落到产业发展上。坚持创新在我国现代化建设全局中的核心地位，把科技自立自强作为国家发展的战略支撑，面向世界科技前沿、面向经济主战场、面向国家重大需求、面向人民生命健康，深入实施科教兴国战略、人才强国战略、创新驱动发展战略，完善国家创新体系，加快建设科技强国。战略性新兴产业作为未来的先导产业和支柱产业，对我国转变经济发展方式，实现创新驱动发展有着重要的推动作用。

为了应对金融危机，重振经济活力，2010 年，国务院颁布了《国务院关于加快培育和发展战略性新兴产业的决定》，并于 2012 年出台了《"十二五"国家战略性新兴产业发展规划》，提出要重点培育与发展节能环保、新一代信息技术、生物、高端装备制造、新能源、新材料、新能源汽车等七大领域； 2016 年出台了《"十三五"国家战略性新兴产业发展规划》，把战略性新兴产业摆在了经济社会发展更加突出的位置，加快发展壮大了网络经济、高端制造、生物经济、绿色低碳和数字创意等五大领域，超前布局了空天海洋、信息网络、生物技术和核技术领域一批战略性产业；2021 年，《中华人民共和国国民经济和社会发展第十四个五年规划和 2035 年远景目标纲要（草案）》中明确指出，要着眼于抢占未来产业发展先机，培育先导性和支柱性产业，推动战略性新兴产业融合化、集群化、生态化发展。当前，我国已转向高质量发展阶段，战略性新兴产业在坚持创新驱动发展，全面塑造发展新优势方面起到了重要作用。

中国工程院是中国工程科技界最高荣誉性、咨询性学术机构，同时也是首批国家高端智库。自 2011 年起，开展了"战略性新兴产业培育与发展战略研究""'十三五'战略性新兴产业培育与发展规划研究""战略性新兴产业重大行动计划研究"等重大咨询项目的研究工作，并配合国家发展和改革委员会参与了"十二五""十三五"国家战略性新兴产业发展规划的制定和规划实施的中期评估，为战略性新兴产业相关政策的制定及完善提供了依据。

在前期研究基础上，中国工程院于 2018 年启动了"新兴产业发展战略研究（2035）"重大咨询项目。项目以"十四五"及 2035 战略性新兴产业创新发展研究为主要内容，紧密结合我国国情与国际形势，在系统分析国内外战略性新兴产业发展趋势、我国经济社会发展的战略需求的基础上开展研究。研究战略性新兴产业重点领域规划实施和创新发展，形成新兴产业技术预见路线图，完善战略性新兴产业统计指标体系和成熟度评价指标体系的建设。为"十四五"产业部署和创新发展重点及"十四五"规划的前期研究提供参考，同时为实现 2035 创新发展目标奠定基础。

经过两年的广泛调研和深入研究，项目组编纂形成"新兴产业发展战略研究（2035）"丛书，共 8 册。其中 1 册综合卷，即《新兴产业发展战略综合研究（2035）》；1 册政策卷，即《新兴产业政策创新研究（2035）》；6 册领域卷，包括《新一代信息产业发展战略研究（2035）》《生物产业发展战略研究（2035）》《高端装备产业发展战略研究（2035）》《新材料产业发展战略研究（2035）》《绿色低碳产业发展战略研究（2035）》《数字创意产业发展战略研究（2035）》。丛书在研判国际新兴产业发展的新趋势基础上，梳理各个重点领域的系统性技术、产业瓶颈突破技术、跨领域技术，凝练"十四五"战略性新兴产业发展面临的问题，开展面向 2035 年的新兴产业技术预见及产业体系前瞻研究，并提出了"十四五"及中长期战略性新兴产业的发展思路、重点方向及对策建议。

2021 年正值两个百年目标交汇与转换之年，也是"十四五"国家战略性新兴产业发展的关键之年。衷心希望本套丛书能够继续为广大关心、支持和参与战略性新兴产业发展的读者提供高质量、有价值的参考。

前　　言

　　数字创意产业以科学技术和文化艺术为输入，以经济价值和文化影响为输出，是驾驭数字技术的创意内容业和创意制造业的总称，在"十三五"时期首次被纳入国家战略性新兴产业，为我国产业转型升级、数字经济繁荣发展发挥了重要作用。

　　当前，人工智能（artificial intelligence，AI）、虚拟现实（virtual reality，VR）、云计算（cloud computing）、物联网（Internet of things，IoT）、区块链和第五代移动通信网络（5th generation mobile networks，5G）等数字技术飞速发展，推动数字创意产业的变革和壮大，使得产业发展达到了新的高度。发达国家均注重数字创意产业发展，将之视为抢占未来发展先机、巩固技术创新优势、扩大软实力和文化影响力的重要方面。与国际潮流相呼应，我国正在大力培育和发展数字创意产业，并将其纳入《"十三五"国家战略性新兴产业发展规划》及配套目录。数字创意产业已经成为我国产业发展的战略性方向之一，《"十三五"国家战略性新兴产业发展规划》提出，"到 2020 年，形成文化引领、技术先进、链条完整的数字创意产业发展格局，相关行业产值规模达到 8 万亿元"。整体上，我国数字创意产业已经进入高速成长期，面临着难得的发展机遇，且增长潜力巨大。

　　本书首先介绍了数字创意产业的概念内涵、主要领域、结构特征和产业分类，然后以美国、英国、法国、德国、日本及韩国为例，分析了国际上典型国家数字创意产业发展的最新动态及趋势。其次，基于我国数字创意产业发展基本情况，着重从数字创意技术装备、数字内容创新发展、创新设计发展及产业融合渗透等四个维度梳理了近年来我国数字创意产业发展成就，并介绍了我国重点城市数字创意产业发展态势。再次，详细阐述了我国数字创意产业在超高清视频、三维声（3D audio）技术、虚拟现实/增强现实（augmented reality，AR）、数字内容创作等方面存在的问题和技术创新瓶颈。最后，重点研究了"十四五"时期数字创意产业的发展目标和重点发展方向，同时，针对数字创意产业发展路径进行前瞻性谋划，提出了创新设计体系、数字内容生产体系、数字内容传播体系、数字服务融合体系及超感知技术体系等五大体系面向 2035 的发展路线图，并就发展数字创意产业提出了相关的对策措施和建议。

目　　录

第一章　数字创意产业的概念和范畴

第一节　数字创意产业的概念

数字创意产业是驾驭数字技术的创意内容业和创意制造业的统称，它是一个以科学技术与文化艺术为输入，以经济价值和文化影响为输出的综合产业系统（图 1.1）。数字创意产业的发展高度依赖各种使能技术、终端技术及应用技术，包括计算机技术、多媒体技术、信号处理技术、通信网络技术等基础技术和新兴的人工智能技术、大数据（big data）技术、云计算技术、虚拟现实技术、增强现实技术、感知技术、人机交互技术。数字创意产业发展的一个重要特点是其利用高度的想象力和创意来融合科学技术与文化艺术，推动传统制造业、文化创意产业和设计服务业不断融合、渗透和变革，从而形成新的增长方式和业态模式。在我国，数字创意产业主要涉及设计业、影视与传媒业、数字出版业、动漫游戏业、在线教育、旅游业、人居环境设计业、时尚服饰业、体育健康业、玩具业、文化

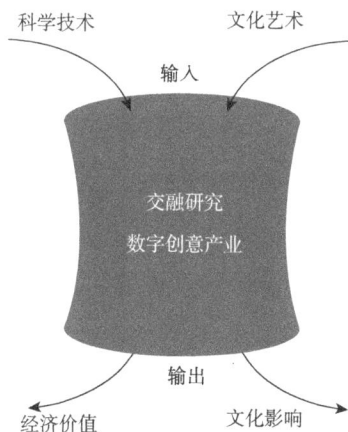

图 1.1　数字创意产业的定义

等产业的数字化，以及上述有关产业的信息装备与软件业。数字创意产业内容涵盖数字文化创意技术装备、数字文化创意内容制作、设计服务等，同时还渗透扩散到其他相关产业部门，在各领域创造新的应用业态。

目前，国际上其他国家还没有形成统一公认的关于数字创意产业的概念或定义，相关概念有创意产业、版权产业、数字内容产业等。各主要发达国家对数字创意产业的理解和发展路径也不尽相同，如英国仍以轻量的创意产业为主，美国通过版权来连接整个数字创意产业，日本与韩国的数字内容产业发展强势。我国数字创意产业的概念显然有别于以上国家，真正将科技、文化、创意有机融合、协同发展（表1.1）。作为五大战略性新兴产业之一，数字创意产业正在对国家经济和社会发展产生积极作用和重要价值，但是数字创意产业完善的产业链和稳定的产业结构还有待形成。

表1.1 各国数字创意产业的定义与分类对比

国家	名称	定义	分类
英国	创意产业	源于个人创造力、技能和才华的活动，通过知识产权的生成和利用，使这些活动发挥创造经济效益和就业成效的产业	广告与市场，建筑，工艺，设计与时尚设计，电影、电视、视频、广播与摄影，信息技术、软件与计算机服务，博物馆、画廊和图书馆，音乐、表演与视觉艺术、出版
美国	版权产业	从个人创造力、技能和天赋中获取发展动力的企业，以及通过对知识产权的开发创造潜在财富和就业机会的活动	核心版权产业、交叉版权产业、部分版权产业、非专用支持产业
日本	数字内容产业	加工制作文字、影像、音乐、游戏等信息素材，通过媒介流通到用户的信息商品，包括瞬间可以接收、消费的信息和历经百年拥有大批读者的文学作品	内容制造产业、休闲产业、时尚产业
韩国	数字内容产业	利用电影、游戏、动漫、唱片、卡通、广播电视等视像媒体或数字媒体等新媒体，进行储存、流通、享有的文化艺术内容的总称	数字游戏、数字动漫、数字学习、数字内容软件、数字影音、移动增值服务和网络服务、数字出版等领域
中国	数字创意产业	驾驭数字技术的创意内容业和创意制造业	设计业、影视与传媒业、数字出版业、动漫游戏业、在线教育、旅游业、人居环境设计业、时尚服饰业、体育健康业、玩具业、文化博物业等产业的数字化，以及上述有关产业的信息装备与软件业

第二节　数字创意产业的主要领域

数字创意产业是以数字创意技术与创新设计为基础支撑，以文化创意、内容生产、版权利用为发展核心，通过融合渗透带动周边产业领域发展的新兴产业集群。数字创意产业涉及多个产业，不同的产业在数字创意产业中被清晰地划分为三个领域，分别为基础支撑领域、核心开发领域和融合渗透领域。这三个领域分别以数字创意技术和创新设计作为基础支撑能力，以文化创意、内容生产和版权利用作为核心开发能力，以科技、设计和文化的深度融合引领周边产业领域发展从而形成融合渗透能力。以上三种能力正在重塑并引领着设计业、影视与传媒业、动漫游戏业、数字出版业、人居环境设计业、文化博物业、时尚服饰业、玩具业、体育健康业、旅游业等产业领域的快速发展（图1.2）。

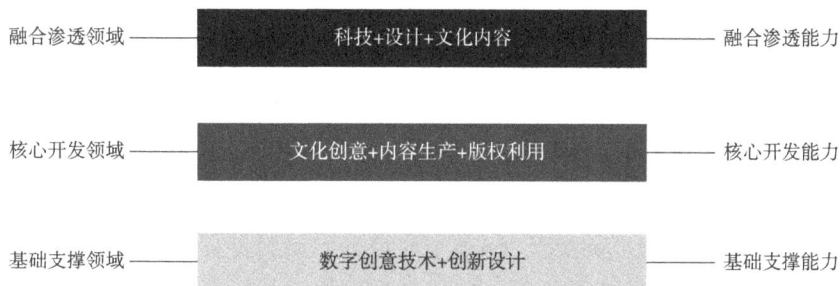

图 1.2　数字创意产业的主要领域

第三节　数字创意产业的结构特征

从组成结构来看，数字创意产业形成了一个全连接的三层网络结构（TD+4C+X）。输入层为基础支撑（TD），由技术（technology，即数字创意技术）和设计（design，即创新设计）两个节点组成，提供基础能力输入。中间层为核心内容（4C），由文化（culture）、创意（creativity）、内容（content）和版权（copyright）四个节点组成，是数字创意产业的核心能力，提供可以消费的文化创意内容，并形成版权。输出层为融合渗透（X），由玩具（toy）、体育（gym）和旅游（travel）等多个节点组成，提供新的业态和消费点（图1.3）。对于数字创意产业来说，数字创意技术和创新设计作为两大基础能力，一方面，不断推动传统文化创意产业和传统制造业的转型升级，形成创意内容业和创意制造业；另一方面，借助于数字创意技术和设计的赋能，推动产业不断跨界融合渗透，形成新的内容、业态和模式，呈现出提供新供给、引领新消费的新的强大活力与生机。不仅形成了变现能力强的特点，同时也反哺于创意内容业、创意制造业、创新设计和数字创意技术的发展。

TD+4C+X=数字创意产业

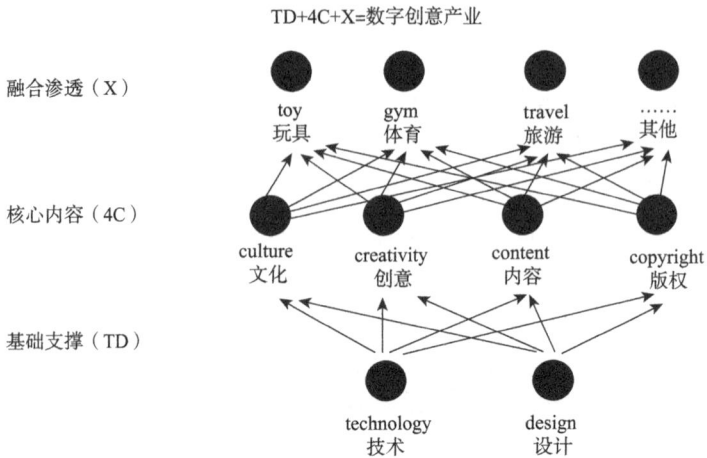

图 1.3　数字创意产业网络全景图

数字创意技术（T）和创新设计（D）是数字创意产业能够持续发展的基石。创新设计是对设计的综合拓展，涵盖工业设计、材料设计、产品设计、工艺设计、工程设计、服务业态设计等。它以知识网络时代为背景，以绿色低碳、网络智能、开放融合、共创分享等为主要特征，为产品、产业的全过程提供系统性服务，融技术创新、产品创新和服务创新为一体，是实现科技成果转化、创造市场新需求的核心环节。数字创意技术是新一代信息技术与创意产业融合的表现形式，为创新设计、影视、媒体、动漫、游戏、数字出版在数字时代的转型升级提供重要的支撑，新兴的数字创意技术包括人工智能、虚拟现实和云计算等。其中，新一代人工智能呈现出深度学习、跨界协同、人机融合、群体智能等新特征，为人类提供认识复杂系统的新思维、改造自然和社会的新技术。在新一代人工智能影响下，设计服务业也发生着重要的变化，形成了智能优化设计、智能协同设计、与用户交互的智能定制、基于群体智能的"众创"等智能设计的新内容。

文化、创意、内容、版权（4C）是数字创意产业的核心内容，也是数字创意产业的主体内容，它既需要创新设计和数字创意技术提供支撑，又不断推动设计和技术的革新。中国文化博大精深，可用资源十分丰富，但是对其数字化开发力度不够。数字博物馆是数字技术对文化资源的新型呈现方式，如故宫端门数字博物馆通过运用最新的数字技术，如虚拟现实头盔、体感捕捉设备等，来增强与游客之间的互动感。创意内容主要包含网络文学、网络游戏、网络动漫、数字视频、数字音乐、互联网广告等内容，是个人和群体创意最为活跃的领域。近年来，数字内容的创作模式也发生了巨大的改变，从单一的专业生产内容（professional generated content，PGC）转变为 PGC、用户生成内容（user-generated content，

UGC）和智能生成内容（intelligence generated content，IGC）模式并存。在 UGC 方面，如微博、知乎、公众号、短视频平台等都是典型的 UGC 平台。IGC 已成为未来的发展趋势，应用人工智能技术从事智能创作正在崛起，如今日头条、腾讯新闻已开始使用机器人进行新闻创作，阿里巴巴开发的鲁班系统通过机器来设计生成海量的横幅广告。数字出版是数字创意产业持续健康发展的重要保障。近年来数字版权内容分发的新技术、新产品、新业态不断涌现，以及赢利模式的不断成熟，使得数字出版行业收入实现了快速增加，远远超越了其他行业。

第四节 数字创意产业分类

为准确反映《"十三五"国家战略性新兴产业发展规划》情况，满足统计上测算战略性新兴产业发展规模、结构和速度的需要，2018 年 11 月，国家统计局制定了《战略性新兴产业分类（2018）》（以下简称《分类》）。《分类》显示，数字创意产业包括数字创意技术设备制造、数字文化创意活动、设计服务及数字创意与融合服务。其中，数字文化创意活动还细分为数字文化创意软件开发、数字文化创意内容制作服务、新型媒体服务、数字文化创意广播电视服务、其他数字文化创意活动，这对于数字创意产业的发展具有重要的意义（表 1.2）。

表 1.2 《战略性新兴产业分类（2018）》对数字创意产业的界定

数字创意产业	数字创意产业子分类	重点产品和服务
数字创意技术设备制造	数字创意技术设备制造	数字电影机械及设备制造，数字广播电视发射设备，数字电视广播前端设备，下一代融合媒体分发网设备，高清/超高清广播电视制播设备，交互电视机，高保真超薄音响产品，虚拟现实、数字技术制播放设备，个人穿戴虚拟现实设备，虚拟现实头戴显示设备，文化场馆数字化装备等
数字文化创意活动	数字文化创意软件开发	虚拟现实处理软件，动漫游戏制作引擎软件和开发系统，数字文化创意软件，教育、新闻、文化行业软件等
	数字文化创意内容制作服务	动漫、游戏数字内容服务，数字影视开发制作，数字音乐开发制作，数字广告开发制作等
	新型媒体服务	网络图书馆服务、数字电视电影院线服务、互联网电视服务、互联网社交服务、手机新媒体服务等
	数字文化创意广播电视服务	高清/超高清电视服务、3D 电视服务、交互电视服务、下一代无线广播电视网数据及信息服务等
	其他数字文化创意活动	数字内容多网络通道传输、互联网游戏服务、电子竞技、地理信息加工处理服务、智慧博物馆展示体验服务、传统文化产品的数字化转化和开发服务、数字创意文艺创作与表演等

续表

数字创意产业	数字创意产业子分类	重点产品和服务
设计服务	数字设计服务	人居环境设计服务、数字化城乡规划、数字化建筑设计、数字化装饰设计、数字化工业产品设计、大数据及工业创新设计、时装设计服务、包装装潢设计服务、多媒体设计服务等
数字创意与融合服务	数字创意与融合服务	互联网广告服务、数字创意文化会展服务、数字博物馆等

第二章 典型发达国家数字创意产业发展动态及趋势

第一节 美 国

数字创意产业在美国的对应名称为版权产业。美国的版权产业由核心版权产业（core copyright industries）、部分版权产业（partial copyright industries）、交叉版权产业（interdependent copyright industries）、非专用支持产业（non-dedicated support industries）组成。核心版权产业是指主要目的为创作、生产、传播和展览版权内容的产业，主要包括图书、报纸、期刊、电影、电视剧制作、音乐、广播和电视广播及所有格式的软件；部分版权产业包括其所创造的产品的某些方面或部分具有版权保护的产业，包括服装、纺织品、珠宝、玩具和游戏等众多产业；交叉版权产业是指生产、制造和销售促进创造、生产或使用受版权保护的作品的设备的产业，包括 CD（compact disc，小型光碟）播放器，电视机，录像机，个人电脑和使用相关产品的制造商、批发商及零售商；非专用支持产业包括那些既销售有版权商品又销售无版权产品的行业，包括运输服务、电信和批发及零售贸易等产业，这些产业的总增加值的某些部分才属于版权产业。这四大细分产业的总和被称为"全部版权产业"（total copyright industries）。

美国的版权产业，在市场机制主导下，由资本和技术双轮驱动创意产业发展，通过版权来连接整个数字创意产业，使数字内容与技术得到协同发展。不论在内容创意环节还是在产业技术环节都有一大批企业占据着数字创意产业链的高地，内容创意环节如华特迪士尼公司、21 世纪福克斯公司（2019 年已被华特迪士尼收购）、康卡斯特及时代华纳等世界 500 强企业，产业技术环节的谷歌、微软、苹果等世界 500 强企业亦引领着全球数字技术的发展方向。

2018 年 12 月，美国国际知识产权联盟发布了《美国经济中的版权产业：2018 年度报告》（*Copyright Industries in the U.S. Economy：The 2018 Report*）（以下简称《报告》），该报告以翔实的数据反映了美国版权产业发展的最新情况。《报告》显示，2017 年美国全部版权产业为美国经济贡献了超过 2.2 万亿美元的增加值，是无可争议的美国经济支柱产业。其中，核心版权产业增加值高达 13 283 亿美元，部分版权产业增加值有 399 亿美元，交叉版权产业增加值有 4278 亿美元，非专用支持产业增加值有 4514 亿美元（图 2.1）。

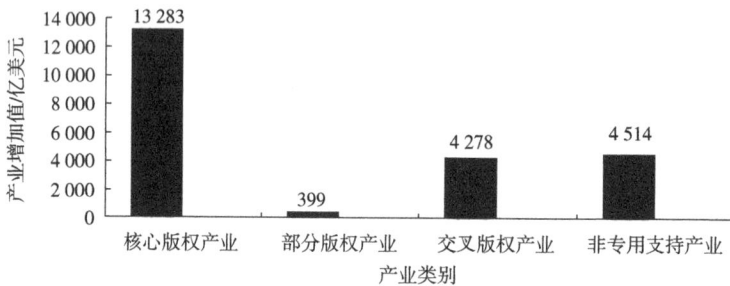

图 2.1　2017 年美国版权产业增加值

资料来源：《美国经济中的版权产业：2018 年度报告》

版权产业是美国国内生产总值（gross domestic product，GDP）的重要贡献者。2014~2017 年，核心版权产业在美国 GDP 中的占比已从约 6.57% 增加到 6.85%。全部版权产业在 2017 年美国 GDP 的份额达到 11.59%，美国版权产业复合年增长率大大超过了美国整体经济所实现的复合年增长率。2017 年，美国核心版权产业就业量近 570 万人，而全部版权产业就业人数约有 1160 万。2017 年，向核心版权工作者支付的年度报酬超过了向所有美国工人支付的平均年度报酬的 39%，并且支付给所有版权产业员工的平均报酬超过了美国平均水平的 22%。

美国版权产业海外市场销售规模继续扩大。以四个选定核心版权领域的国外销售和出口情况为例，包括录制音乐，电影、电视和录像，软件出版，非软件出版物（报纸、书籍和期刊）。2014 年四个选定的核心版权产业的国外销售总额为 1643.5 亿美元，2015 年为 1769.7 亿美元，2016 年为 1810.1 亿美元，2017 年为 1912.2 亿美元（图 2.2）。版权产业的海外销售和出口规模甚至超过了其他主要工业部门的出口额，如电子设备、电器和零部件产业，农产品行业，化学品制造业，航空航天产品及零部件行业，以及制药和医药行业。

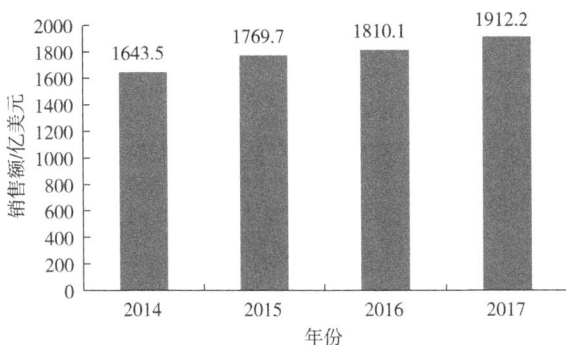

图 2.2　2014~2017 年美国核心版权产业海外市场销售规模

资料来源:《美国经济中的版权产业:2018 年度报告》

数字创意技术装备方面,美国在人工智能技术、虚拟现实技术、电影制作技术、数字平台等方面一直处于世界领先地位。在人工智能技术方面,美国不仅在人工智能软件算法上领先世界,同时也在硬件上领先世界,包括英伟达公司发布的用于深度学习的 Tesla GPU[①]1 芯片和谷歌公司发布的用于人工智能计算的专用处理芯片 TPU[②]等。在虚拟现实技术方面,美国的 Magic Leap 公司发布的 Magic Leap One 和微软发布的 HoloLens 2 是世界先进混合现实设备的代表,可以给用户提供舒适、身临其境的混合现实体验。在电影制作技术上,美国拥有世界上先进的特效制作技术。得益于此,好莱坞每年都在向世界输出大量优质电影。同时,Digital Domain、Industrial Light and Magic 等美国顶尖的特效公司正在将人工智能技术融入电影特效制作中,以降低特效制作的成本与效率,同时还在研究如何利用虚拟现实技术给观众带来沉浸式的完美体验。在数字平台方面,美国很多行业都处于全球垄断地位,包括安卓系统的应用商店 GooglePlay、苹果系统的应用商店 AppleStore 等。

第二节　英　国

英国对数字创意产业的理解是,"源于个人创造力、技能和才华的活动,通过知识产权的生成和利用,使这些活动发挥创造经济效益和就业成效的产业"。作为世界领先的文化创意大国,英国一直以多彩的创意和活跃的创新氛围引领潮流。

在发展数字创意产业方面,英国以轻量的创意产业为主,凭借深厚的文化底

---

① GPU 即 graphics processing unit,中文含义为图形处理单元。

② TPU 即 tensor processing unit,中文含义为张量处理单元。

蕴驱动产业发展，突出"大文化"综合管理理念，能较快适应创意与数字等要素的融合发展趋势。

2017 年，英国文化创意产业总增加值（gross value added，GVA）达到 1015 亿英镑，相较于 2016 年增加了 7.1%，占英国总体经济增加值的 5.5%。从 2010 年到 2017 年，英国创意产业的发展呈稳定增长态势，实现增长 53.1%。创意产业是英国数字、文化、媒体和体育部（Department for Digital, Culture,Media & Sport，DCMS）增长率最快的产业门类，其发展速度是英国同期经济增长率的 2 倍（图 2.3）。

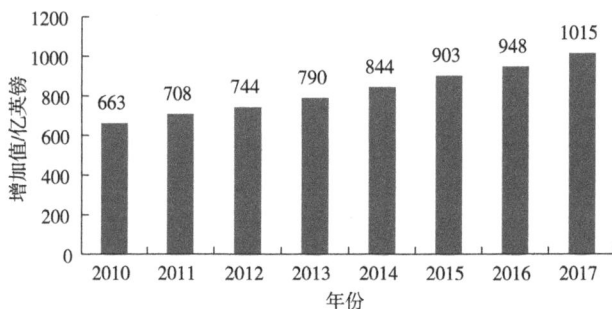

图 2.3　2010~2017 年英国创意产业增加值情况
资料来源：根据英国数字、文化、媒体和体育部数据整理

在创意产业细分领域中，2017 年，信息技术、软件与计算机服务产业实现增加值 406 亿英镑，增长率为 9.1%，在创意产业增加值中占比 40%，成为创意产业发展的重要驱动力。电影、电视、视频、广播与摄影产业实现增加值 167 亿英镑，增长率为 8.9%，在创意产业增加值中占比 16.5%。广告与市场产业在创意产业增加值中占比 13.1%，增长率为 5.8%。其他产业门类如建筑，工艺，设计与时尚设计，出版，博物馆、画廊和图书馆，音乐、表演与视觉艺术等产业门类在创意产业增加值中占比 30.4%。

英国数字、文化、媒体和体育部包括创意产业、文化、数字、博彩业、体育、电信和旅游等产业部门，这些部门在经济活动中会发生部分交叉融合。创意产业和数字部门总增加值重合部分达到 522 亿英镑，在整个英国数字、文化、媒体和体育部增加值中占比 19.5%，在整个英国产业占比 2.8%，创意产业的发展与英国数字和科技产业的发展相辅相成。创意产业、数字部门和文化部门同样具有重叠的经济效应（包括广播、动画、视频和电视生产等），在整个英国数字、文化、媒体和体育部增加值中占比 6.7%，在整个英国产业占比 1.0%。除此之外，创意产业同旅游业、文化部门也会有较小的经济活动重叠（表 2.1）。

表 2.1　英国数字、文化、媒体和体育部产业领域重合情况

领域 1	领域 2	领域 3	总增加值重合/亿英镑	在英国数字、文化、媒体和体育部占比	整个英国产业占比
创意产业	数字部门	文化部门	179	6.7%	0.98%
创意产业	文化部门		101	3.8%	0.55%
创意产业	数字部门		522	19.5%	2.85%
数字部门	电信业		326	12.2%	1.78%
旅游业	文化部门	创意产业	3	0.1%	0.02%
旅游业	文化部门		3	0.1%	0.02%
旅游业	体育业		4	0.2%	0.02%
旅游业	博彩业		18	0.7%	0.10%

资料来源：根据英国数字、文化、媒体和体育部数据整理

在数字创意技术方面，英国的人工智能技术和虚拟现实技术蓬勃发展。英国一直都在积极推动人工智能的发展，英国的人工智能一直处于世界领先水平。2016年3月，由英国 DeepMind 公司开发的围棋人工智能系统 AlphaGo 战胜世界围棋冠军李世石，震惊世界。英国在虚拟现实技术上也十分先进。2018年2月，英国触觉技术公司 Ultrahaptics 发布了可悬空创建触觉反馈的技术平台 STRATOS。同时，英国在电影游戏产业中的数字技术也声名显赫。例如，英国视觉特效工作室 Double Negative 拥有雄厚的计算机图形技术实力，已经为《哈利波特》系列、《生化危机》、《2012》、《蝙蝠侠》系列、《异形大战铁血战士》、《史前一万年》等100多部影视作品进行后期特效制作。英国 NaturalMotion 开发的 Morpheme 游戏动画引擎，可打造逼真的动作动画，已被用于侠盗猎车手4、杀戮地带等游戏中。

孵化创意产业集群是英国政府推动文化创意产业发展的重要手段。2018年11月，英国政府宣布投入8000万英镑，在英国布里斯托尔、利兹、伦敦、约克、加的夫、贝尔法斯特、邓迪和爱丁堡8座城市孵化9个新型创意产业集群及1个新的政策与证据中心，集群涵盖音乐、表演、动漫、游戏、软硬件开发、媒体、时尚等多个创意产业领域。英国新型创意产业集群建设将确保不同区域蓬勃发展，实现商业界、学术界与工业界联动发展，利用新的数字技术创造新的产品和服务，推动创意产业不断发展并创造更多就业机会。

伦敦、谢菲尔德等城市的文化创意产业集群已经形成成熟的发展模式。伦敦东部地区的电影产业集群是仅次于好莱坞的全球第二大电影产业集群，伦敦西部

地区的音乐产业集群和艺术、设计产业集群也在世界范围内享有盛名。伦敦的创意产业集群中聚集了大量的电影特效公司、后期制作公司、音乐公司、设计公司等，形成了完整的影视传媒产业链。谢菲尔德是英国的第四大城市，曾被称为"钢铁之城"，钢铁业衰落之后，为刺激谢菲尔德城市经济复苏，当地政府大力发展创意产业。政府主动建设与音乐产业相关的基础设施，提供音乐设备和排练场所，促进谢菲尔德形成了以音乐产业（包括音乐制作、音乐发行、音乐创作）为主的综合性艺术产业集群。爱丁堡是全球首个联合国教育、科学及文化组织（以下简称联合国教科文组织）创意城市文学之都和世界上最大的艺术节举办地，同时是知名游戏开发商、移动游戏公司、教育游戏和云游戏开发支持服务的所在地，以科技为中心的创意产业集群涵盖广告、建筑、艺术与设计、电脑和视频游戏等领域。其他各具特色的创意产业集群也日趋发展成熟，布里斯托尔创意产业集群主要关注影视及表演艺术领域新科技的引入；邓迪文化创意产业集群关注游戏领域新品开发、培训等，并加强该产业的多元化及文化元素的渗透；贝尔法斯特创意产业集群着力于开发动漫游戏产业的软硬件解决方案，推动北爱尔兰创意产业的发展；约克创意产业集群专注于沉浸式和交互式影视内容生产，带动约克郡和亨伯地区的影视产业发展。

第三节　法　　国

数字创意产业在法国被称为文化创意产业，不同于美国版权产业的市场主导型模式，法国政府对文化创意产业涉入较深，采取"公共投入为主、国家扶持、多方合作"的政策，强调文化与国家形象相互结合，使得法国文化创意产业具有鲜明特色。

法国文化创意产业比较有代表性的有电影业、出版业、设计业、旅游业。在电影业方面，法国的电影业久负盛名，是欧洲重要的电影生产国，每年举办多个电影节，其中1946年开始举办的戛纳国际电影节较为知名。在出版业方面，法国拥有众多规模不同的出版社，其中阿歇特图书发行中心是法国最大的图书发行中心，每年发行图书超过1亿册，占法国图书发行总量的1/4。在设计业方面，包括产品设计、服装设计、时尚设计、企业形象设计、视觉传达设计等19个行业，其中产品设计占60%，是设计业务的主要内容。法国绝大部分的设计公司位于巴黎，据法国工业设计促进署的统计，2015年巴黎聚集了全国55%的设计公司，提供了全国76%的创意设计工作岗位。在旅游业方面，法国旅游资源丰富，拥有世界闻名的滑雪场地和美丽的海岸线，还有多个景点被列入联合国教科文组织世界遗产名录。法国多年是全球第一的旅游目的地，2017 年，法国接待全球 8900 万游客，成为世界上游客访问量最大的国家之一。

在数字创意技术方面，法国大力推广数字技术并用于文化创意产业。第一，法国重视数字内容版权保护。早在 2009 年，法国就制定了被称为"最严厉的互联网法案"的打击网络非法下载行为的《HADOPI 法案》，并成立了专门管理网络传播作品及保护知识产权的最高权力机构——网络著作传播与权利保护高级公署，对非法下载数字电影、音乐或软件行为采取先警告再处罚的办法，从法律制度上保护数字内容创作者权益，从而鼓励数字文化创新。第二，法国积极推进文化艺术等内容的数字化。早在 2010 年，法国就拨出 7.5 亿欧元专项资金用于支持内容数字化，其中 75%的资金用于内容开发和数字化，25%用于推动数字内容制作工具和消费模式研发。法国在数字图书馆、数字影院和数字博物馆建设等方面成果显著。尤其需要提到的是，巴黎圣母院于 2019 年 4 月 15 日因失火而变得面目全非。幸运的是，早在 2015 年，艺术历史学家安德鲁·塔隆便通过激光扫描技术，将巴黎圣母院的全景及内部结构记录下来，并通过数字技术渲染成三维空间的图像，建立了巴黎圣母院的三维模型。这是数字技术用于文物保护与恢复的一个典型例子。

法国维旺迪集团是内容、媒体和通信集团，该公司在整个媒体价值链中经营业务，从人才发现到内容的创建、制作和分发，截至 2019 年，已有一百多年历史。旗下拥有哈瓦斯、环球音乐、Gameloft、Canal+等多家企业，业务范围涵盖音乐、电视、电影、出版、电信、互联网和电子游戏等行业，总市值超过 300 亿欧元，在全球范围内具有极强的影响力。其中，哈瓦斯集团是全球六大广告和传媒集团之一，主要分为两个业务部门：哈瓦斯创意及哈瓦斯传媒。环球音乐集团主要从事唱片、音乐出版和销售，拥有多个涵盖所有类型的唱片公司。Gameloft 是全球手机游戏的领导者。Canal+集团在法国及非洲、波兰、越南和缅甸从事付费电视业务，其子公司 Studiocanal 是欧洲领先的电影和电视剧制作、销售和分销公司。

第四节　德　国

德国把数字创意产业定义为"文化创意产业"，作为一个独立的经济部门，文化创意产业的重要作用已经得到了普遍认同。20 世纪 90 年代开始，德国联邦经济和技术部就把发展文化创意产业当作提升经济实力的重要抓手，目前德国文化创意产业在标准主义、秩序主义、厚实精神、完美主义、精确主义、专注精神六大国民文化引领下，形成以建筑、艺术、设计、时尚四大领域为核心，涵盖建筑、设计、电影、图书、文化艺术、音乐、软件与电子游戏等 11 大细分领域的稳定产业结构（图 2.4）。

图 2.4　德国文化创意产业结构图

德国文化创意产业一直是经济创新和经济增长的重要动力，整体发展势态良好。根据德国联邦经济事务和能源部发布的《2018 年文化创意产业检测报告》，2017 年德国共有 25.47 万个企业经营文化创意产业，从业人员超过 160 万人，总增加值达到 1024 亿欧元，相当于 GDP 的 3.1%，成为仅次于机械制造和汽车工业的第三大产业。

德国文化创意产业的发展，离不开政府推出的各项政策，其多层次、多元化和具有针对性的支持政策值得借鉴。2007 年 10 月，德国联邦政府公布"文化创意产业倡议"，提出了增强公众对文化产业重要性的认识，挖掘文化产业增长和就业潜力，提高文化产业竞争力和国际影响力。由原联邦经济与技术部（后更名为联邦经济事务和能源部）、联邦文化与媒体事务专员共同牵头制定文化产业发展支持政策，外交部、司法部、财政部、劳动部和教研部共同参与，协调解决文化创意产业发展中所涉及的税收、知识产权、社会保障、对外文化交流、职业培训等问题。"文化创意产业倡议"成为德国文化产业支持政策的总纲领。此后，德国在此框架下制定了一系列具体的文化产业支持政策。

在数字创意技术装备方面，德国也积极进行战略规划和部署。德国制造在全世界范围都是优秀的代名词，为了维持制造业的世界领先优势，德国积极推动数字技术的发展。2016 年 3 月 14 日，在德国汉诺威消费电子、信息及通信博览会的开幕式上，德国联邦经济部长加布里尔发布德国"数字战略 2025"，对德国数字化发展做出系统安排。德国积极在传统制造业中应用虚拟现实技术，主要应用有：①用于产品设计，降低成本，避免新产品开发的风险；②用于产品演示，吸引客户争取订单；③用于培训，在新生产设备投入使用前用虚拟工厂来提高工人的操作水平。例如，2018 年 8 月，西门子公司收购了专门从事于 3D 渲染软件开发和虚拟现实体验制作的计算机软件与技术授权公司 Lightwork Design。其后将 Lightwork Design 的产品与西门子的 3D 设计应用程序 NX 软件相结合，向客户提供增强的 3D 数据可视化帮助客户在开发周期的早期识别和解决潜在的产品问题，从而节省时间和成本。此外，西门子还将虚拟现实技术应用在一家变速传动装置的制造工厂中，不仅通过模拟实现了装配过程的优化，而且对产品设计、工厂规划等带来了诸多改善。

德国一直重视电影产业的发展，在支持电影产业发展方面，德国联邦电影基金发挥了重要作用。该基金建立于 2007 年，截至 2013 年底，基金总计发放 3.56 亿欧元电影支持资金，资助了 642 部德国影片的制作和放映。2015 年 12 月，德国发布了"德国电影基金指南"，详细规定了基金设立目的、资助对象、申请者条件、资助金额等内容。电影基金设立的主要目的包括促进德国电影基础设施的维护和建设、提高电影基础设施的使用率等。

为了引导电脑游戏产业的健康发展，德国政府采取了一些规范和促进电子游戏市场发展的措施。2007 年，德国联邦议会通过了题为"促进电脑游戏市场健康发展、提高游戏文化价值"的决议，呼吁联邦政府加强对游戏市场的引导，对那些文化价值高、教育意义强的电脑游戏开发公司和产品给予奖励，并设立相应奖项。按照上述标准，2009 年，德国首次颁发了"德国电脑游戏奖"这一专门针对电脑游戏的全国性奖项，以引导电脑游戏的开发和需求方向。

柏林具有深厚的文化积淀和浓郁的文化氛围，吸引着世界各地的文化创意人才纷至沓来。柏林电影节、柏林艺术周、柏林时尚周等活动的国际影响力越来越大，柏林成为当之无愧的欧洲文化创意产业之都，被冠以"创意磁铁"的美名。据统计，2000 年至 2012 年，柏林的创意产业年产值从 168 亿欧元增长到 282 亿欧元，增长了约 68%，占据城市经济总产值的 16%，出版、游戏、电影、电视、设计等创意产业领域的公司数量增加了 70%。柏林城市发展与住房部于 2013 年公布的《2030 年城市发展规划》，计划在 2030 年将柏林打造成在经济、科技、就业等方面都具有领先地位的城市，希望通过创意释放城市的潜能，使柏林在 2030 年成为世界创意中心。

第五节　日　　本

近年来，日本政府高度重视以提升文化软实力为主的国家战略，融合文化创意和旅游及生产制造等行业，推动日本文化向海外输出。

Cool Japan（酷日本）战略是日本的文化输出国家战略，该战略以向海外传播日本文化为导向，强调以市场分析、受众研究为切入点，文创、动漫等内容产业与日本传统文化习俗、工艺生产、旅游融合发展，通过强化政策供给、完善公共服务等途径，培育具有国际竞争力的产品和服务，实现其在经济和社会层面设定的发展目标。

日本的"内容产业"是负责电影、动画、游戏、书籍、音乐等制作和发行的行业的总称。日本数字内容产业的概念来源于日本的"内容产业"，是随着数字技术的发展和内容产业结构的变化而衍生出的新的产业形态。根据日本《数字内容产业白皮书（2016）》对产业范畴划分，日本数字内容产业包括：影像、音乐（声音）、游戏、出版、互联网广告和手机移动广告、图书报刊（图书、报纸、图片、杂志等）几大类。

日本内容产业有着完整的产业链，以漫画小说为 IP（intellectual property，知识产权）内容基础，将其电影化、动画化、游戏化、商品化，通过多渠道流通将 IP 的衍生价值最大化利用，形成完整的 IP 变现系统，为原创精品 IP 持续创作提供动力（图 2.5）。

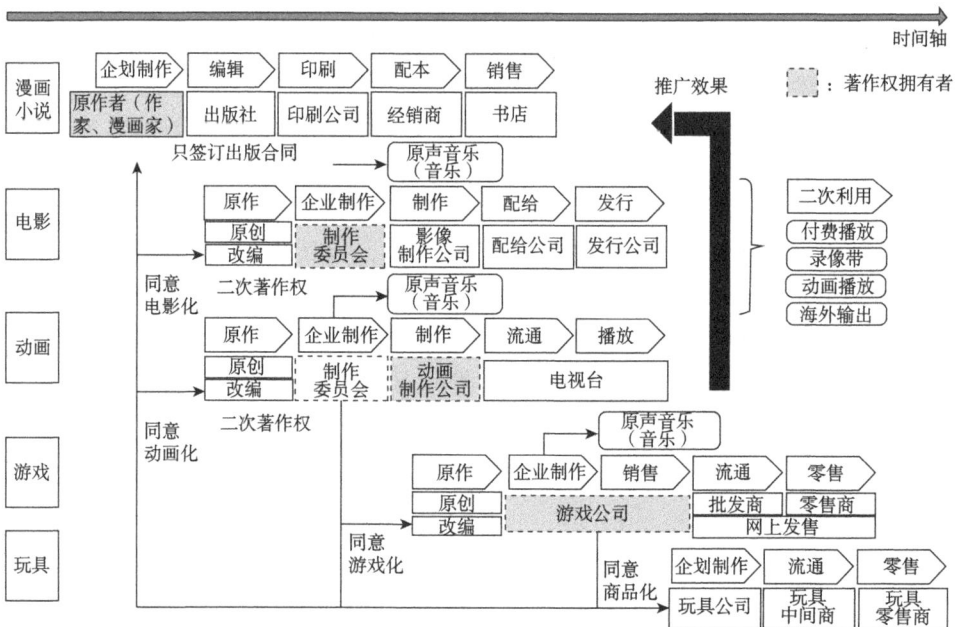

图 2.5　日本传媒产业变现结构图
资料来源：《数字内容产业白皮书（2016）》

日本内容产业国内市场规模从 2010 年到 2016 年几乎没有变化。2016 年, 日本国内内容市场的总体规模约为 12.4 万亿日元, 其中视频传播产业规模约为 4.5 万亿日元, 占比 36%, 出版产业规模约为 3.6 万亿日元, 占比 29%, 游戏产业规模约为 2.0 万亿日元, 占比 16%, 音乐/音像产业规模约为 1.3 万亿日元, 占比 10%, 广告营销产业规模为 1.0 万亿日元, 占比 8%(图 2.6)。

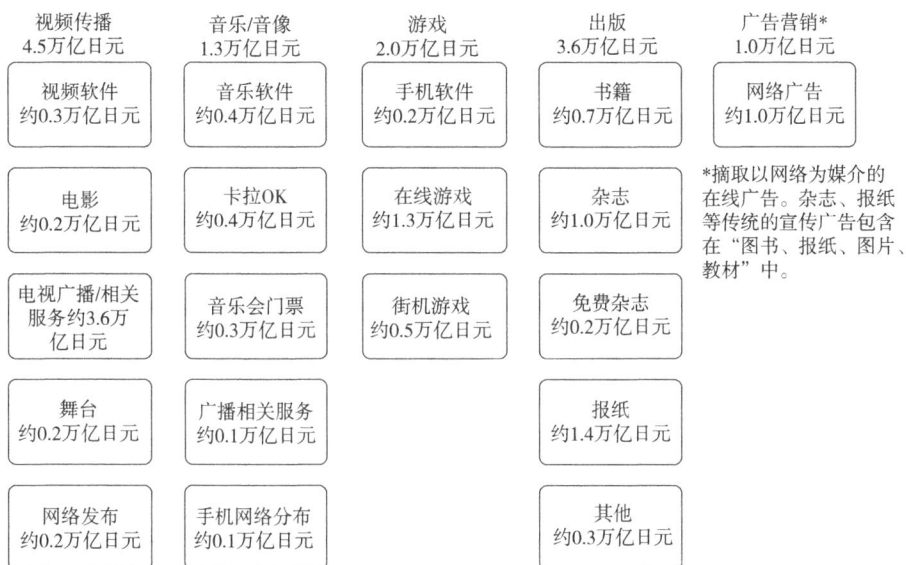

图 2.6　2016 年日本国内内容市场整体情况
资料来源: 日本经济产业省《内容产业现状和未来发展方向》

日本超高清产业起步早, 处于产业链的上游。2014 年, 日本最大收费电视品牌 Sky PerfecTV 推出了 4K 频道。2018 年年底, 日本又开通了 16 个 4K 和 1 个 8K 卫星广播频道, 并计划在东京奥运会和残奥会开展赛事 8K 直播。其中, 在超高清设备方面, 根据日本电子情报技术产业协会(Japan Electronics and Information Technology Industries Association, JEITA) 数据, 截至 2018 年 3 月, 日本 4K 电视的出货量约为 408 万台, 约占日本所有电视出货量的 35.3%, 超高清电视(ultra high definition television, UHDTV) 普及率较高。日本 4K 采编播设备在全球市场具有较高的占有率。TCL 公司统计显示, 2017 年, 全球家用 4K 摄像机市场规模约为 50 万台, 主要供应商为索尼、松下、JVC、佳能等日本企业, 其中索尼的全球市场占有率高达 71%。另外, 索尼还主导超高清节目制作转播车市场, 索尼与夏普公司均已推出了 8K 摄像机。在内容领域, 日本素有"动漫王国"之称, 是世界上最大的动漫制作和输出国, 其动漫产业已经成为日本第三大产业。目前全球播放的动漫作品中有六成以上出自日本, 在欧洲这个比例更高, 达到八成以上。

动漫不仅仅是一种文化产业，也代表了一个国家的文化艺术形态和输出的能力。日本动漫产业发展基础好，已形成成熟的动漫制作模式。日本动漫产业已经实现了制作与传播技术的数字化，动画和漫画的制作已大量使用基于图形图像工作站的专用软件。同时，日本积极开发研究人工智能，发展更新动画制作软件，提升动画创作效率和水平，赋予动画作品更广阔的发展空间。

近年来，内容市场消费模式和分发渠道内容分发逐渐发生重大转变，呈现出多元化发展趋势，依靠数字化渠道分发的游戏业和网络广告业市场规模呈增长趋势。2017 年，日本游戏业市场规模达到 21 313 亿日元，同比增长 10.4%，广告营销业市场规模达到 12 206 亿日元，同比增长 17.6%，而视频传播业、出版业和音乐/音像业等传统产业同比都略有下降。面对内容产业改变所带来的挑战，日本内容产业为了在第四次产业革命中把握主动权，对整个内容产业链进行了数字化升级改造，其中包括内容生产端、内容分发渠道和内容消费商业模式的创新及变革。内容分发渠道和内容消费商业模式的变革直接推动内容生产端的重大改变，具体表现在：对高质量内容制作的需求增加；生产内容格式的多样化；销售整体利润最大化；商业中项目的扩展（图 2.7）。

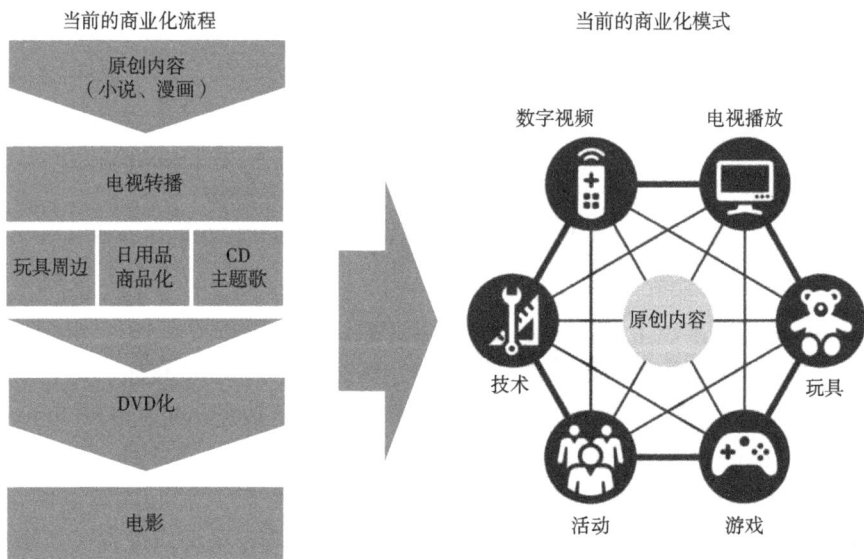

图 2.7　日本内容产业商业模式变化图

资料来源：靖水正树，久保田康久.2018.内容业务的未来. 东京：日本普华永道

在政府层面，2019 年，日本促进全球内容创造补贴项目已经对三个数字内容领域提供资助，分别为提高内容制作生产力的系统、利用区块链技术对内容分发的系统及利用数字技术向世界传播的内容制作系统。企业层面，日本内容生产端

的企业也从战略规划、系统建设、各种措施三个方面提出整体的数字化升级方案。其中方案重点是信息集中管理和数据分析。日本内容制作由多方利益相关者组成，涉及多方内容的权限管理系统还不成熟，加之内容分发渠道的多样化，因此很多情况下信息冗杂且不对称。信息集中管理可以形成标准化、集中化的信息，同时数据分析利用大数据进行判断和预测以供生产者决策，最后逐步应用到具体方案中以提高业务价值（图2.8）。

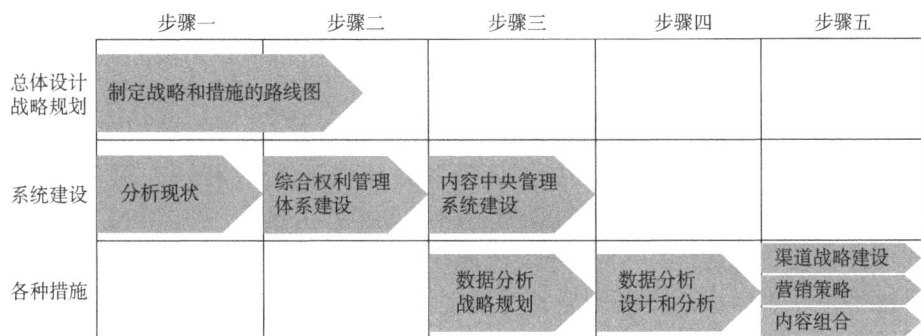

图 2.8　日本内容企业整体解决方案

资料来源：靖水正树，久保田康久.2018. 内容业务的未来. 东京：日本普华永道

第六节　韩　国

韩国以"文化立国"为国家发展战略。在文化创意相关产业，即电影、电视、游戏和音乐等方面有瞩目的发展。韩国文创产业涵盖 11 个产业，其中包括出版、动漫、音乐、游戏、电影、广告、知识信息、形象产业、内容解决方等产业。

韩国文化体育观光部和韩国文化产业振兴院数据显示，2018 年，韩国文化内容产业销售额为 119.1103 万亿韩元，同比增长 5.2%。其中，除了动漫（-1.9%）销售额下降以外，音乐（11.9%）、知识信息（9.7%）、漫画（7%）、广电（6.3%）、游戏（6%）的销售额均增加了。出版销售额为 21.0485 万亿韩元，广电为 19.1761 万亿韩元，广告为 17.2187 万亿韩元。另外，韩国国内文化内容产业从事人员为 65.3615 万人，同比增长 1.4%。

在数字创意技术与装备方面，韩国的超高清技术与数字游戏技术处于世界领先地位。在超高清技术方面，韩国在超高清频道建设方面起步早，同时在超高清高端面板和终端方面优势明显。2012 年，韩国在全球首先进行了基于地面数字电视广播网络的超高清电视传输试验，并进行试验广播。2014 年 4 月，全球第一个 4K 超高清频道在韩国开播。2017 年 5 月，韩国开启无线电视台运行超高清电视服务，KBS、MBC、SBS 等韩国三大电视台面向首尔、仁川等首都圈地区家庭传输超高清节目信号。韩国的面板企业 LG 和三星在大尺寸超高清面板方面具有技术优势和品牌优势。LG 生产的超高清 OLED（organic light emitting display，有机发光显示器）电视在技术上和市场占有上遥遥领先。2017 年 4 月，三星推出了 4K 高动态范围（high-dynamic range，HDR）MU 系列电视。2018 年 3 月，三星推出 4K 液晶电视，具备 1000 尼特的峰值亮度，配合 HDR 技术，使高亮和阴影状态的显示细节更加明显。

在数字游戏方面，韩国拥有先进的游戏引擎技术，同时也积累了丰富的游戏人才。韩国早在 21 世纪初就开始大力发展本国游戏引擎产业，不仅企业投资，政府也参与研发。韩国文化体育观光部从 2001 年开始致力于开发游戏引擎，于 2002 年上半年开始免费普及。韩国情报通信部 2003 年也开发了 "Dream 3D" 引擎。韩国有着完善的游戏工业体系及很多经验丰富的游戏工程师。韩国电竞行业拥有大批收入丰厚的职业选手，他们的受欢迎程度丝毫不输给体育明星。电竞作为一种职业得到了韩国社会的普遍认可和尊重。在韩国，电竞俱乐部也十分发达，背后有 TK、三星等财团的支持。

在数字技术快速发展的背景下，韩国已提出文化内容产业与新技术融合增长引擎生态系统建设方案，主要包括五个优先技术领域：一是韩语语音识别技术，开发多语言自动翻译核心技术共享平台；二是建立有信任机制的智能存储发布平台，满足创作者和消费者的个性化需求；三是基于区块链培育内容分发平台，提供依据生产者能力和价值公平竞争的平台；四是建立技术融合内容引入技术的可用性评估标准流程；五是建立资源和技术开放平台，以支持个人创作者创作。新技术作为促进文化内容产业创新增长的重要手段，与内容融合发展成为韩国文化内容产业工业化生态系统的关键因素。在规划、生产、分配和消费整条内容产业链中，新技术将通过提高效率和生产力来提升创新的综合价值。新技术融合背后的核心驱动力是内容的质量和数量，人工、3D 打印、物联网、智能机器人、云平台、大数据、增强现实/虚拟现实、自然语言八个新技术要素，作为帮助创造大量优质内容的手段具有重要意义。

第三章 我国数字创意产业发展动态及趋势

第一节 我国数字创意产业发展基本情况

国家统计局数据显示，据对全国规模以上文化及相关产业 6.0 万家企业调查，2018 年，全国规模以上文化及相关产业实现营业收入 89 257 亿元，比上年增长 8.2%。分区域看，东部地区规模以上文化及相关产业企业实现营业收入 68 688 亿元，占全国 77.0%；中部、西部和东北地区分别为 12 008 亿元、7618 亿元和 943 亿元，占全国比重分别为 13.4%、8.5% 和 1.1%。从增长速度看，西部地区增长 12.2%，中部地区增长 9.7%，东部地区增长 7.7%，东北地区下降 1.3%（图 3.1）。

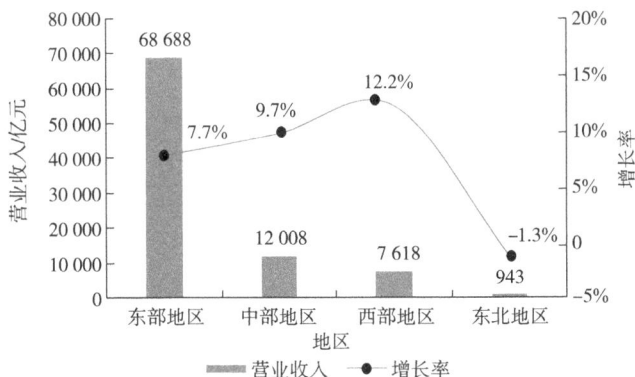

图 3.1　2018 年全国主要区域规模以上文化及相关产业发展状况

资料来源：根据国家统计局发布数据整理

分产业类型看，文化制造业营业收入为 38 074 亿元，比上年增长 4.0%；文化批发和零售业营业收入为 16 728 亿元，增长 4.5%；文化服务业营业收入为

34 454 亿元，增长 15.4%。分行业类别看，文化及相关产业 9 个行业中，有 7 个行业的营业收入实现增长。其中，增速超过 10% 的行业有 3 个，分别是新闻信息服务、创意设计服务和文化传播渠道，其中新闻信息服务营业收入为 8099 亿元，比上年增长 24.0%；创意设计服务营业收入为 11 069 亿元，增长 16.5%；文化传播渠道营业收入为 10 193 亿元，增长 12.0%。增速为负的行业有 2 个，分别是文化娱乐休闲服务和文化投资运营，其中，文化娱乐休闲服务营业收入为 1489 亿元，下降 1.9%；文化投资运营营业收入为 412 亿元，下降 0.2%（图 3.2）。

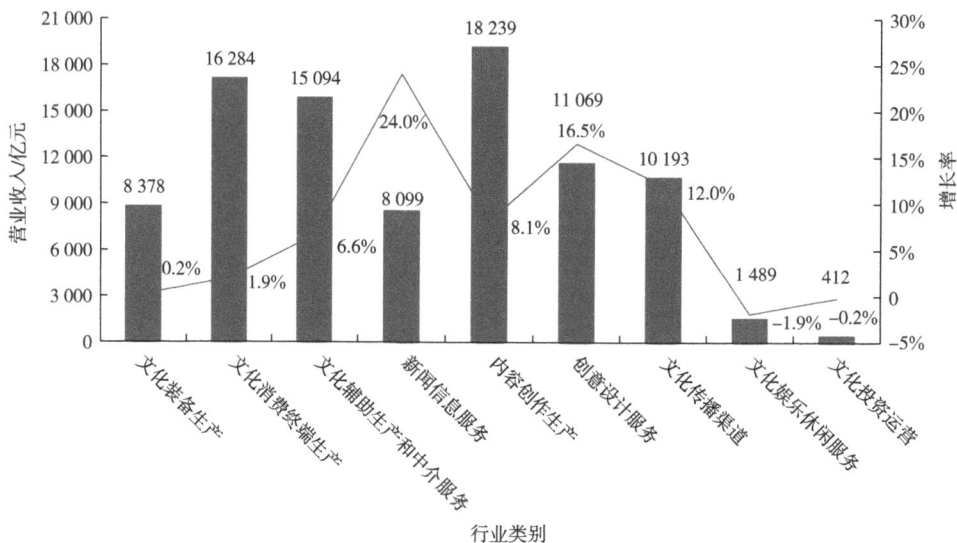

图 3.2　2018 年全国规模以上文化及相关产业企业营业收入情况

资料来源：根据国家统计局发布数据整理

一、数字创意技术装备

数字创意产业依托于三类技术的发展，即使能技术、应用技术及终端设备技术。使能技术指通用的基础性信息技术，包括人工智能、大数据、云计算、未来网络技术等。这些技术是各行业进行数字化建设的前提条件，为数字创意行业自身应用的开展提供支撑。应用技术指各专业技术领域实现层面的技术，如综合广播宽带技术、家庭娱乐产品软件、数字内容加工处理软件等。应用技术是提升内容质量和创新服务模式的核心工具，只有在应用技术层面形成突破，才能使内容产品真正获得质的提升。终端设备是用户进行内容消费的承载对象，包括硬件及其装载的应用软件，如 4K 电视机（支持 HDR 功能）、沉浸式音频设备（支持三维声）、增强现实/虚拟现实/混合现实（mixed reality, MR）设备等。终端设备是改善用户体验的直接手段，终端设备的先进程度直接决定数字内容的呈现方法和观众的使用感受。

（一）使能技术

人工智能技术。人工智能是研究、开发用于模拟、延伸扩展人的智能的理论、方法、技术及应用系统的一门新的技术科学。它的最重要目的是了解人脑智能的实质，生产出一种新的能用与人类大脑相似的方式做出反应的智能机器。人工智能的主要发展阶段是运算智能、感知智能和认知智能，目前处于由感知智能向认知智能突破的阶段。近年来中国人工智能产业发展迅速，已引起全社会的广泛关注。北京、上海、广州、深圳是我国人工智能最活跃的地区，已经孕育出一批人工智能企业。例如，以北京商汤科技开发有限公司、北京旷视科技有限公司、上海依图网络科技有限公司为代表的计算机视觉企业；以科大讯飞股份有限公司、云知声智能科技股份有限公司、思必驰科技股份有限公司为代表的自然语言处理公司；以深圳市优必选科技股份有限公司、达闼科技有限公司、北京极智嘉科技股份有限公司（Geek+）为代表的机器人公司。2019 年，中国人工智能市场规模达到 500 亿元，具有巨大的发展前景（图 3.3）。

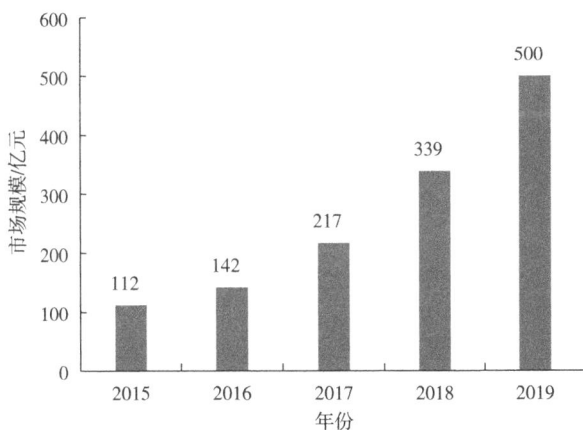

图 3.3　2015~2019 年中国人工智能市场规模
资料来源：中国产业信息网、德勤研究

大数据技术。大数据是凭借强大的存储和运算能力对大量数据进行计算分析，为预测提供有力指导的技术。大数据有"4V"特征：volume（规模）、variety（类型）、velocity（速度）、value（价值）。大数据涉及的主要热门领域研究包括电子商务大数据、社交网络大数据、交通大数据和视频大数据等。目前，我国大数据在行业解决方案、计算分析服务、存储服务等领域发挥着重大作用，同时在工业层面保持高速发展，并会渗透到大数据的各行各业。国内大数据处理公司主要研发工程师以硕士博士为主，与美国硅谷同类公司配置类似。根据中国信息通信研究院和前瞻产业研究院对大数据相关企业的调研测算，2019 年我国大数据市场产值达到 8000 亿元水平，同比增长 29.0%（图 3.4）。

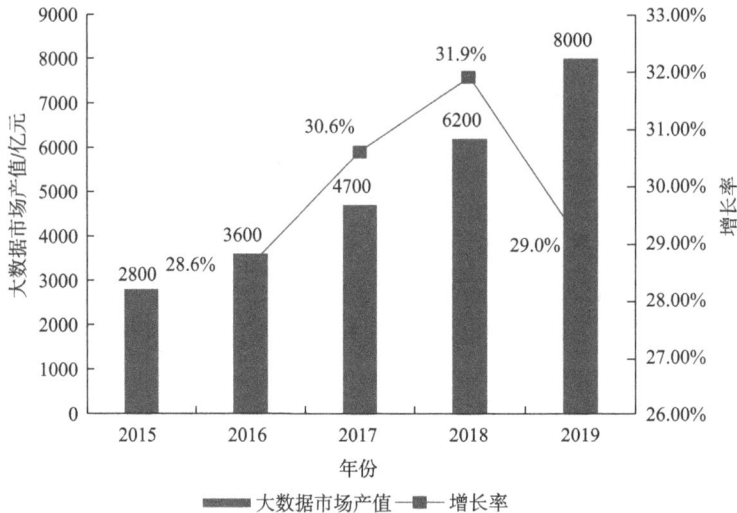

图 3.4 2015~2019 年中国大数据市场产值及增长率
资料来源：根据中国信息通信研究院和前瞻产业研究院数据整理

云计算技术。云计算是一种通过网络以按需、易扩展的方式获得所需的服务（硬件、平台、软件等）的计算模式。目前研究全球云计算技术的公司主要有亚马逊、微软、谷歌和阿里云：①亚马逊早在 2006 年就已经推出云计算产品 AWS，先发优势明显，规模效应已经得以体现；②微软的优势是其强大的软件体系和海量用户，这极大地推动了其云计算产品 Azure 的发展；③谷歌的优势体现在其高性能的运算和存储；④中国方面，阿里云发展相对较晚，但海外巨头亚马逊和微软由于受到政策影响进入中国缓慢，阿里云 IaaS（infrastructure as a service，基础设施即服务）占据国内一半市场份额。2019 年公开统计数据显示，中国云计算行业市场规模增长达到千亿元水平，同比增长 28.2%（图 3.5）。

5G 网络技术。5G 技术是未来网络技术的代表。根据美国无线通信和互联网协会（American Wireless Communications and Internet Association，CTIA）2019 年发布的《全球 5G 竞赛》报告，中国和美国在 5G 准备度并列世界第一。在 5G 标准制定方面，2016 年，中国信息通信研究院正式启动 5G 新技术样机开发与试验及原型芯片的开发。2017 年 11 月，工业和信息化部正式发布启动 5G 技术研发试验第三阶段的通知。2018 年 12 月，中国三大基础电信运营商完成了 5G 频谱分配方案。在 5G 标准的核心专利声明数量上（图 3.6），华为技术有限公司（以下简称华为）以 1970 件的 5G 声明专利排名第 1，中兴通讯股份有限公司（以下简称

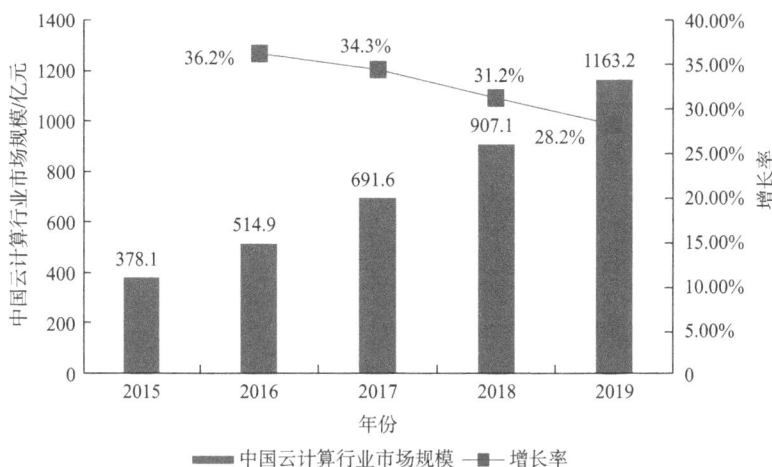

图 3.5　2015~2019 年中国云计算行业市场规模统计及增长情况

资料来源：http://cloud.idcquan.com/yjs/164765.shtml

中兴）以 1029 件声明专利排名第 7，大唐电信科技股份有限公司（以下简称大唐电信）以 543 件声明专利排名第 9。我国三家企业的声明专利总量为 3542 件，占总声明量的 30%，我国 5G 研发处于全球公认的领先梯队。

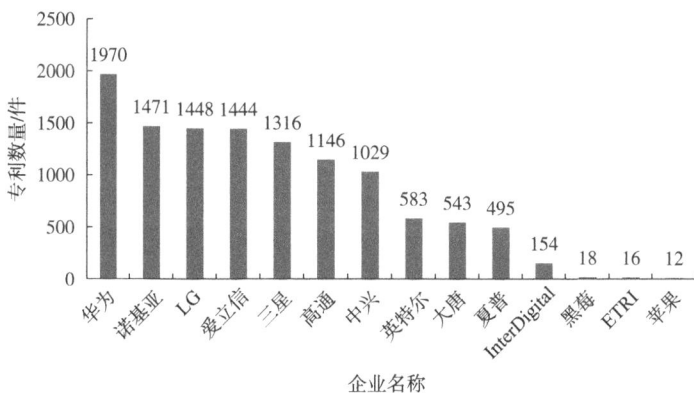

图 3.6　截至 2019 年在 ETSI 声明的 5G 标准必要专利数量

资料来源：根据前瞻产业研究院发布资料整理

（二）应用技术

综合广播宽带技术。综合广播宽带技术是一种广播与宽带电信系统并行操作的系统，主要立足于广播技术，利用广播与宽带技术共同为电视节目服务。与传统的广播电视互动技术相比，综合广播宽带技术不仅简化了终端接收处理互动信息的流程，还极大地丰富了内容展现的方式，为用户提供了更佳的使用体验（图 3.7）。综合广播宽带技术的典型应用分为业务相关类和独立类，提供了诸如红钮启动、图文信息、同步手语新闻、社交电视等不同类型的应用。目前，欧洲、日本、韩国、巴西、美国均已应用综合广播宽带技术。

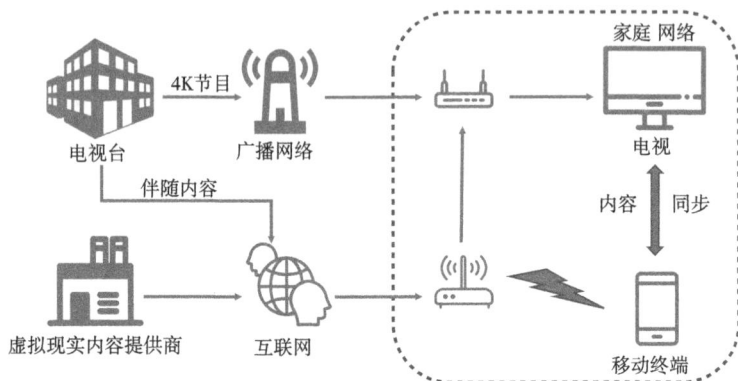

图 3.7　综合广播宽带技术应用场景

数字内容加工处理软件。数字内容的加工处理是将图片、文字、视频、音频等信息内容运用数字化技术进行加工处理并整合应用。具体的技术问题包括两个层面。第一个层面是面向数字内容质量，如图像视频增强技术等。现代人工智能技术也支撑了数字内容加工处理软件的发展，从而产生了一系列优秀产品。例如，2019年，百度人工智能开发平台研发的"图像去雾"产品，能对在雾天里拍摄的图像进行去雾处理，复原更加清晰的图像。第二个层面是面向图像视频的内容认知，即通过应用程序对图片内容进行初步的理解，并配上合适的文字进行解读或说明。因此，数字内容加工处理软件结合了先进的人工智能算法或大数据技术，能极大帮助用户进行信息的智能检索或检测，从而节省大量的人力物力，方便又高效。

（三）终端设备技术

超高清技术。视频是信息呈现和传播的主要载体。当前，视频技术正经历从高清到超高清的演进。超高清技术是近年来全球广播电视领域最为火热的技术话题之一，各个国家都在积极部署推进超高清技术。超高清技术决定了图像的清晰度，图片清晰度可从全高清到 4K 超高清到 8K 超高清。

超高清视频设备的核心元器件主要包括感光器件、存储芯片、编解码芯片、图像芯片、处理器芯片和显示面板等。随着系统集成度不断提升，存储芯片、编解码芯片和处理器芯片已经集成为 SoC[①]芯片。2019 年，华为海思芯片在创维电

---

① SoC 的全称叫作 system-on-a-chip，中文的意思就是把系统都做在一个芯片上。

视中的应用，意味着超高清芯片受制于人的局面正在逐步打破。目前，我国在液晶面板和 OLED 面板上已经拥有很多自主知识产权。例如，2019 年，京东方科技集团股份有限公司（以下简称京东方）新增申请专利 9585 件，在 OLED、传感、人工智能、大数据等领域申请专利数量超过 4000 件，新增授权专利超过 4800 件，美国商业专利数据显示，京东方专利授权数量在世界排名第 17 位。

三维声技术。音频技术经历了从单声道音频、双声道立体声音频、5.1 环绕声、7.1 环绕声到三维声的发展历程。三维声是具有三维空间感、方位感的声音，不仅能使听众在听音过程中定位到声源的位置和方向，也能使听众听出声源的移动轨迹，能给观众带来身临其境的沉浸感。目前，现有的三维声技术以国外为主，国外已有成熟的 MPEG-H、Dolby 三维声技术。我国在 2016 年成立了三维声专题组，完成了《三维声（3D Audio）广播电视行业标准技术征集》，开始正式征集提案；2017 年，各提案方正式提交最终提案，三维声测试评估组开始对标准提案进行测试，并于 2017 年 10 月完成标准的测试验证动作。目前，我国的三维声技术仍处于研发阶段，三维声的编解码技术和三维声前后处理技术需要突破，三维声的制作技术标准、音频质量评审制度仍需完善。

虚拟现实/增强现实/混合现实技术。虚拟现实通过利用电脑或其他智能计算设备来模拟产生一个三维空间的虚拟世界，给用户提供关于视觉、听觉、触觉等感官的模拟感受。

虚拟现实/增强现实/混合现实产业链主要分为硬件和软件两部分，其中硬件主要包括芯片、传感器、显示器件等。我国虚拟现实行业收入构成方面数据显示，2017 年中国虚拟现实硬件收入达到 4.7 亿元，软件收入为 1.7 亿元。随着中国消费者的内容消费习惯逐渐养成，虚拟现实软件收入逐渐提升，2018 年我国虚拟现实软件收入占比 40%，硬件收入占比为 60%。2019 年，我国虚拟现实软硬件收入都达到了 10 亿元以上规模（图 3.8）。

3D 全息影像技术。全息术（holography），又称全息摄影术、全息摄影，通过集合被拍摄者反射的光波来重建物体的全部信息，使得平面物体内容得以以 3D 立体显示出来，给人立体视觉享受，并可从不同角度来更直观地观察物体。随着现代人工智能技术的发展与完善，一些采用全息技术的产品应用早已席卷全球，这些产品运用高科技的全息影像技术做出逼真的舞台立体投影效果并达到身临其境的立体效果，使得内容表现形式更加具体丰富和新颖。目前，我国全息显示技术已经领跑世界，拥有的企业也是全球最多的，在亚洲全息市场份额达到了 90%以上，在世界全息市场中占据半壁江山。以中国最大的全息公司之一为例，2018年，北京微美云息软件有限公司已获得 295 个相关专利和 76 项软件著作权，全息内容 IP 储备有 4325 个。

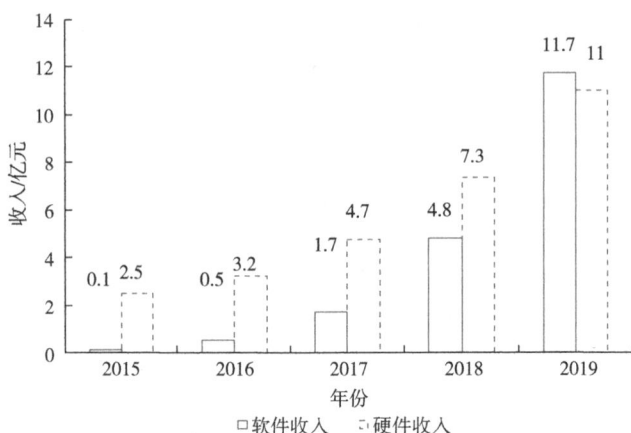

图 3.8 2015~2019 年中国虚拟现实软硬件收入

公开资料整理显示，中国全息投影行业市场规模逐年扩大，2016~2019 年，每年以大于 10 亿元的增长速度扩大，随着全息技术的逐渐成熟与完善，应用行业逐步扩大，产品增多，预计以后市场行业规模也将持续扩大（图 3.9）。

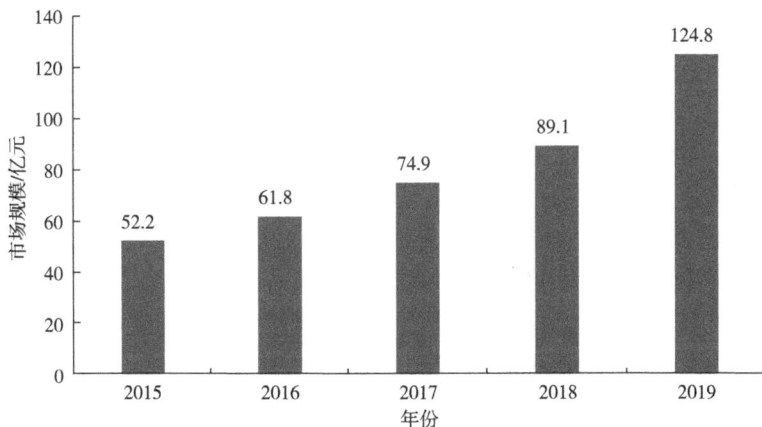

图 3.9 2015~2019 年中国全息投影行业市场规模
资料来源：根据三胜咨询发布资料及公开资料整理

二、数字文化创意活动

（一）内容创作

1. 网络文学

近几年，网络文学的行业规模不断增长，增速有所放缓。2018 年中国网络文学市场规模总计达 153.50 亿元，同比增长 20.30%，保持稳步增长状态（图 3.10）。网络文学作为数字内容产业的 IP 源头之一，影响力与日俱增。整个行业的跨界融合趋势更加明显，如投资收购影视、动漫等公司，与相关娱乐公司达成深度战略合作，从而推动自身业务优化升级，并不断提升创新性和生命力。业务收入层面，在线付费阅读收入稳步增长的同时，整个行业的版权运营收入在 2018 年得到了高速增长，且在整体营收结构中的比重显著提升。未来这将成为行业收入规模的主要增长动力，也将保障整个行业的持续健康发展。

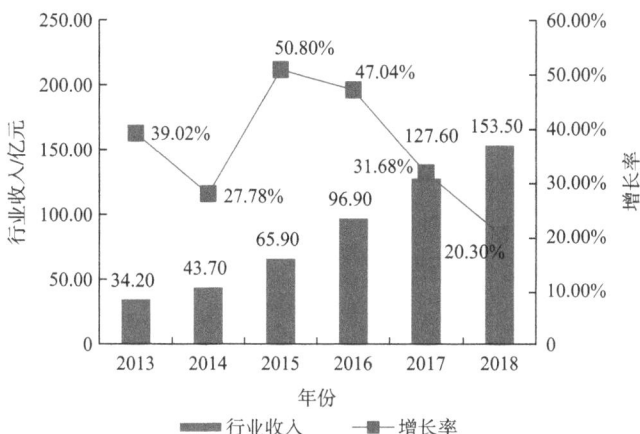

图 3.10　2013~2018 年中国网络文学行业规模及其增长率

资料来源：艾瑞咨询

2. 网络游戏

2018 年，中国游戏市场实际销售收入达 2144.40 亿元，同比增长 5.3%，占全球游戏市场比例约为 23.6%。受移动游戏（手游）市场规模的大幅增长影响，2017 年的游戏市场增长率达 23.0%（图 3.11）。但是受用户需求改变、用户获取难度提升、新产品竞争力减弱等因素影响，2018 年中国游戏产业在整体收入上的增幅明显放缓。2018 年中国自主研发网络游戏市场实际销售收入达 1643.9 亿元，同比增长 17.6%，游戏用户规模达 6.26 亿人，同比增长 7.3%。

3. 网络动漫

近年来，我国文化产业内容消费市场迅速发展，动漫产业在文化产业中的占比稳步上升。在资本、新媒体和消费人群的多重驱动下，动漫产业产值持续快速增长。2017 年，中国动漫行业总产值达到 1536 亿元，产值主要来自动漫上游的

图 3.11　2012~2018 年中国游戏市场销售收入及其增长率
资料来源：中国音数协游戏工委和中新游戏研究（伽马数据）

内容市场和下游的衍生市场两大块。下游衍生市场是动漫产业产值的主要来源，在全球比较成熟的动漫市场中，衍生市场的产值相当于内容市场的 8~10 倍。2018年，中国在线动漫内容市场规模达到 141.60 亿元（图 3.12）。随着我国近几年移动互联网规模和影响力的不断提升，在线动漫已经成为动漫产业的重要组成部分，并且在行业规模与影响力方面也与日俱增。2018 年中国的泛二次元用户规模将近3.5 亿，在线动漫用户规模也达到 2 亿多。庞大的用户规模为中国动漫产业的发展带来巨大的需求市场。

图 3.12　2013~2018 年中国在线动漫内容市场规模
资料来源：艾瑞咨询

IP 创造作为动漫产业链的源头，直接影响整个产业链其他环节的变现能力，下游 IP 衍生开发环节的盈利能力最大，所以未来动漫产业布局的重点将覆盖整个产业链。

4. 网络视频

2018 年，中国网络视频行业版权收入规模达到了 962.70 亿元，相较于 2014 年的 200 多亿元，行业发展可圈可点。随着用户规模扩大、用户使用黏性增加，版权网络视频带来的商业资源不断升值（图 3.13）。

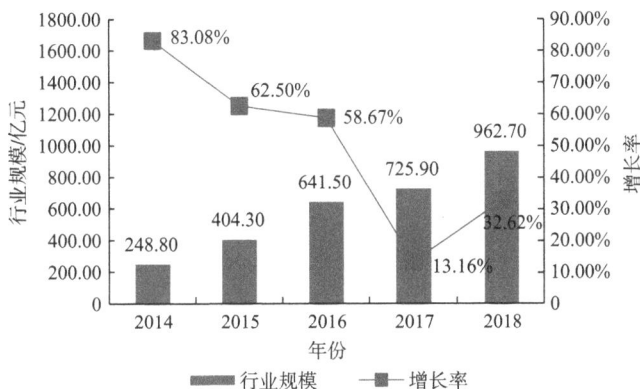

图 3.13　2014~2018 年中国网络视频版权收入规模及增速

资料来源：艾瑞咨询

中国互联网络信息中心（China Internet Network Information Center，CNNIC）发布的第 44 次《中国互联网络发展状况统计报告》数据显示，截至 2019 年 6 月，我国网络视频用户规模达 7.59 亿，较 2018 年底增长 3391 万，占网民整体的 88.8%。其中，长视频用户规模为 6.39 亿，占网民整体的 74.7%；短视频用户规模为 6.48 亿，占网民整体的 75.8%。各大视频平台进一步细分内容产品类型，并对其进行专业化生产和运营，行业的娱乐内容生态逐渐形成。在用户细分方面，各大视频平台不断开拓新兴品类市场，更加注重内容的针对性和专业性。在网络视频内容领域，为迎合多样化的用户喜好，各大视频平台以电视剧、电影、综艺、动漫等核心品类为基础，不断向游戏、电竞、音乐等新兴品类拓展。此外，各大视频平台也在利用大数据、人工智能等技术，快速识别用户需求，实现内容的精准推送；同时，各大平台深入分析用户内容消费、商品消费的相关数据，还原用户真实需求，助力生产优质内容。比如，优酷的鱼脑系统已被全面应用到网络剧、综艺节目的策划生产中。

5. 数字音乐

2018 年中国数字音乐版权收入规模为 188.30 亿元，整体保持着较高的增长趋势（图 3.14）。从构成上来看，中国数字音乐平台的收入主要来源于用户付费、广告收入及版权运营收入三个方面。在正版化改革之前，平台营收主要依靠于广告收入，但由于数字音乐平台本身广告变现能力较弱，仅限于开屏、横幅广告等形式，因此在政策推行正版化后，用户付费收入的占比持续增高，广告收入增长出现滞缓。2018 年版权运营收入带动了整体市场规模的再一次增长，由数字音乐平台向第三方机构转授音乐版权，活跃利用和开发音乐版权价值，使得其拓展出更多元化的商业模式。

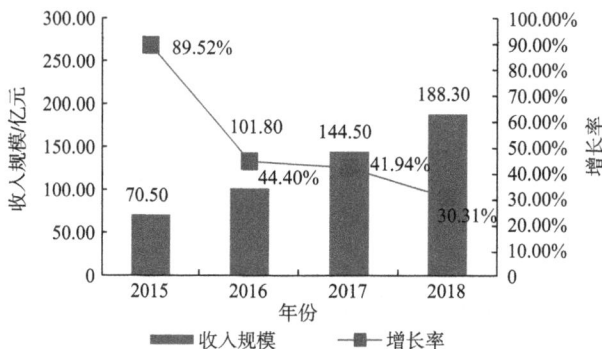

图 3.14　2015~2018 年中国数字音乐版权收入规模及其增长率

资料来源：艾瑞咨询《2019 年中国数字音乐产业研究报告》

6. 影视综艺

如果说短视频平台的火热表现出 UGC 的繁荣，影视综艺的发展则很大程度上表明 PGC 的发展情况。总体来说，影视综艺行业表现出稳定增长态势，2018 年，我国影视综艺行业市场规模达到 2467.90 亿元，增长率为 14.73%（图 3.15）。影视综艺三个领域都有成功出海的案例，表现出我国的文化实力和海外影响力正逐步增强。

图 3.15　2013~2018 年中国影视综艺行业市场规模及其增长率

资料来源：艾瑞咨询

（二）文化创意

改革开放以来，中国博物馆事业发生了历史性变革，呈现出良好发展态势，"博物馆热"成为中国社会文化的新时尚，"博物馆+"跨界融合创新成为推进博物馆事业高质量发展的新引擎，博物馆为国家文明交流互鉴提供了新空间。2018年全国博物馆举办展览2.6万个，举办教育活动近26万次，观众达11.26亿人次，分别比上年增长30%、30%和16%，博物馆成为人民向往的美好生活的重要部分。

2018年，全球博物馆通过不断创新带来全新体验，通过与名人、设计师及大IP的合作，来吸引新的人群，社交媒体元素的融入、快闪展览和沉浸式体验逐步崛起，基于科技、数字媒体及数据收集的定制和个性化体验成为发展趋势。总体来看，2018年中国博物馆游客量表现突出。2018年，中国国家博物馆在全球博物馆排行榜上位列第2，年内游客量达861万人次。另有两座中国博物馆2018年首次进入前20榜单，且多个中国博物馆实现了游客量增长（表3.1）。中国的博物馆尝试利用明星效应来提升游客量，结合传统文物和当代名人的电视节目——《国家宝藏》广受观众欢迎，参与的博物馆如故宫博物院、上海博物馆、湖南省博物馆和南京博物院等，都收获了流量上的增长。值得关注的是，海外博物馆也正准备进入中国市场。2017年12月对外开放的深圳海上世界文化艺术中心由英国国立维多利亚和艾尔伯特博物馆（V&A）与中国招商局集团有限公司合作，并将其打造成了一个多功能文化艺术中心。此外，2019年11月，上海"西岸美术馆"与巴黎蓬皮杜艺术中心合作举办了一系列展览。

表 3.1　2018 年全球排名前 20 位的中国博物馆总游客量和增长率

排名	博物馆	所在城市	2018 年游客量/人次	增长率	入场
2	中国国家博物馆	北京	861 万	6.8%	免费
13	中国科学技术馆	北京	440 万	10.5%	付费
15	浙江省博物馆	杭州	420 万	14.4%	免费
18	台北故宫博物院	台北	386 万	-13%	付费
20	南京博物院	南京	367 万	11.2%	免费

资料来源：根据《2018 全球主题公园和博物馆报告》整理

此外，在国家政策支持和社会民众鼓励下，我国博物馆文化创意呈现出蓬勃发展的良好势头。故宫博物院拥有涉及古书画、古器物、宫廷文物、书籍档案等的总数186万余件的珍贵馆藏，在文化创意方面不断取得突破和佳绩。故宫博物院积极利用数字文物资源，不断推出多元化的文化创意设计。在文创产品方面，故宫博物院有故宫博物院文化创意馆、售卖创意生活用品的故宫博物院文创旗舰店、主打年轻化的故宫淘宝店及更趋于大众化的故宫商城等。各经营主体面向社会不同人群，产品风格各有特色，通过差异化经营，共同塑造故宫文创的整体形象。故宫博物院文创旗舰店配合故宫博物院展览，做主题性的文化挖掘，研发了千里江山系列、清明上河图系列等产品；故宫淘宝产品萌趣而不失雅致，致力于以轻松时尚的方式展现故宫文物、推广故宫文化，推出了故宫娃娃、折扇团扇、文具用品等。在体验交互方面，故宫的端门数字馆，通过"数字宫廷原状"提供的沉浸式立体虚拟环境，使游客既能"参观"许多以前不能踏入的宫殿，也能利用虚拟现实技术试穿帝后服装，欣赏宝物。在内容方面，截至2018年，故宫先后上线了9款App（application，应用程序），涉及故宫资讯、游戏和导览等众多内容，将专家研究成果与观众感兴趣的题材密切结合起来，并把专家研究成果"翻译"给观众，以观众乐于接受的形式，不断拉近故宫博物院与观众的距离。故宫博物院正改变传统的传播方式，运用多种方式来传播优秀传统文化，让故宫文化遗产资源活起来。

（三）版权利用

依托数字技术和政策的持续推进，传统出版产业数字化转型升级更加深化，推动了国内数字出版产业多领域继续保持稳健增长态势。2018年国内数字出版产业整体收入规模为8330.78亿元，比上年增长17.8%。其中，互联网期刊收入达21.38亿元，电子书达56亿元，数字报纸（不含手机报）达8.3亿元，博客类应用达115.3亿元，在线音乐达103.5亿元，网络动漫达180.8亿元，包括移动阅读、移动音乐、移动游戏等在内的移动出版达2007.4亿元，网络游戏达791.1亿元，在线教育达1330亿元，互联网广告达3717亿元（图3.16）。

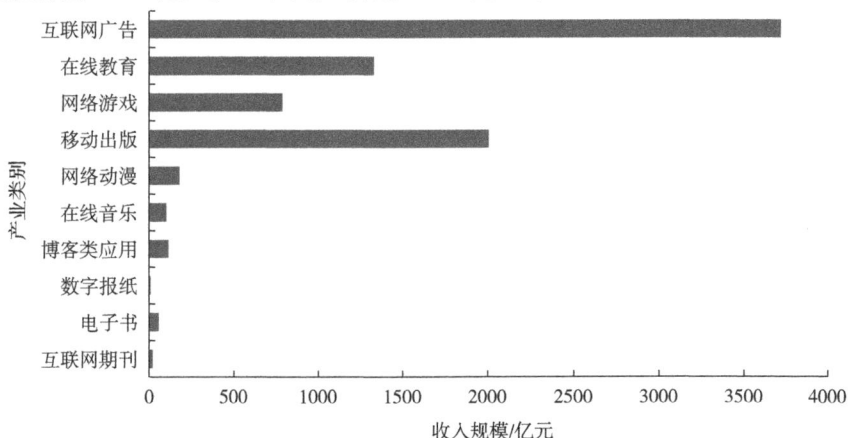

图3.16　2018年国内数字出版产业整体收入规模
资料来源：《2018—2019中国数字出版产业年度报告》

2018 年，我国数字出版产业产生了一些新的发展，网络文学良性生态逐步构建，知识付费分水岭逐步显现，短视频风口持续成为媒体布局重点。数字出版产业有以下新趋势：人工智能技术应用场景日益深化，数字内容精品化趋势日益明显，5G 将为出版融合创新提供广阔空间；电子竞技将成为产业融合新节点。同时短视频有望迎来新一轮的爆发式增长，并将与教育、新闻资讯、知识付费等多个领域实现更深度的融合。未来在 5G 环境下，挖掘新的需求点，开拓新的消费场景，探索新的内容呈现方式和变现方式，将成为数字内容创业者的发展重点。

三、设计服务

联合国教科文组织创意城市网络创立于 2004 年，致力于促进将创意视为可持续发展战略因素的城市之间的合作。截至 2019 年底，该网络由 246 个城市参与构成，共同肩负着同一使命：使创意和文化产业成为地区发展战略的核心，并且积极开展国际合作。创意城市网络涉及七个创意领域：手工艺与民间艺术、媒体艺术、电影、设计、美食、文学和音乐。截至 2018 年底，中国已有 12 座城市先后入选创意城市网络。其中深圳、上海、北京和武汉入选设计之都；杭州、苏州和景德镇入选手工艺与民间艺术之都；成都、顺德和澳门入选美食之都；长沙入选媒体艺术之都；青岛入选电影之都。深圳 2008 年被授予全球设计之都的称号，是中国第一座获此殊荣的城市。深圳作为高新技术综合性产业基地和知识产权发展重镇具有强大的创新能力，2018 年，深圳文化创意产业增加值达 2621.77 亿元，占全市地区生产总值比重超过 10%。上海 2010 年被授予"设计之都"称号，上海是我国最早出现创意产业机构的城市，如首批设计、电影和音乐工作室，2018年，文化创意产业增加值为 4227.72 亿元，同比增长 8.9%。北京 2012 年被授予"设计之都"称号，其科技资源丰富，文化底蕴深厚，2018 年，北京市创意设计服务企业营业收入为 2771.1 亿元，同比增长 17.8%。武汉 2017 年被授予"设计之都"称号，其在桥梁、高铁、水利、电力等工程设计领域居世界领先地位，预计到 2021 年，武汉设计产业营业收入将达到 2200 亿元（表 3.2）。

表 3.2　入选创意城市网络的中国城市

类别	城市	入选年份
设计	深圳	2008
	上海	2010
	北京	2012
	武汉	2017

续表

类别	城市	入选年份
手工艺与民间艺术	杭州	2012
	苏州	2014
	景德镇	2014
美食	成都	2010
	顺德	2014
	澳门	2017
媒体艺术	长沙	2017
电影	青岛	2017

第二节　近年来我国数字创意产业发展成就

一、数字创意技术装备发展成就

（一）超高清（4K/8K）显示技术

在超高清（4K/8K）显示技术与消费装备方面，我国在超高清面板生产技术和出货量上取得了较好的成绩。我国主要面板厂商（如京东方惠科股份有限公司）布局的 10.5/11 代面板产线已经实现量产。2018 年底，4K 电视在国内电视市场的渗透率达到 57%，已进入普及阶段。我国业已成为液晶面板生产的主要产地。2019 年全球液晶面板出货面积为 2.21 亿平方米，同比减少 3%，我国液晶面板出货面积为 1.19 亿平方米，同比逆势增长 18%，全球占比约为 54%。

在数字内容生产与传播方面，超高清内容已成为传媒领域的新亮点。目前，我国重大节日庆典活动都已采用 4K/8K 内容实现直播，如 2019 年央视春晚。超高清内容生产时长也得到了迅速的增长。

在标准制定方面，我国超高清视频编解码视频标准已经走在了世界前列。2019 年初，我国 AVS3 标准（即第三代音视频编解码技术标准）的视频部分已完成基准档次制定，其性能已经超过 AVS2（即第二代音视频编解码技术标准）标准 30% 左右。同时，华为海思已经实现了 AVS3 标准芯片设计和制作，产品支持 8K 分辨率，处于全球领先水平。

总体上讲，在"十三五"期间，我国超高清视频产业在视频生产、网络传输、终端呈现、核心元器件、平台服务及行业应用上逐渐完善。我国 4K 产业链已初步形成，8K 关键技术产品研发和产业化取得了突破，技术、产品、服务和应用协调发展的良好格局正在带动数字经济规模化高速扩张。

（二）虚拟现实技术

在基础性技术研发方面，高校、科研单位和企业在"十三五"期间对虚拟现实关键技术方面有了一定的技术积累，研发投入力度保持稳定。在产业政策方面，我国将虚拟现实产业发展上升到国家高度。2017 年全国首个国家级虚拟现实高新技术产业化基地在青岛成立；南昌规划到 2023 年，打造形成"南昌世界级 VR 中心"。截至 2017 年，我国有近 20 个省区市开展布局虚拟现实产业。在资本市场方面，总部设在中国的虚拟现实初创企业约获得全球投资总额的20%，位居世界第二。

在数字创意消费服务供给丰富度方面，虚拟现实应用在教育图书、影视、游戏娱乐、政务展览等领域发展迅速。目前，我国研发制造体系基本形成，生产了全球 70% 以上的高端头戴式虚拟现实终端，具有较为完备的设计制造能力。虚拟内容资源不断丰富，在春节联欢晚会、国家庆典、国际会展等重大活动中开展了虚拟现实直播，体验性强的优质内容初具规模。

在虚拟现实产业标准方面，国家已对虚拟现实头戴式显示设备的标准化工作进行了立项。标准的制定有助于解决虚拟现实的行业乱象问题，推进不同虚拟现实产品和应用系统间互换互认。

总体而言，虚拟现实业务形态丰富、产业潜力大、社会效益强，虚拟现实应用正在加速向生产与生活领域渗透。我国以虚拟现实为基础的产业正步入一个高速发展的增长期，并通过与人工智能、5G 通信、新兴显示技术等领域的协同创新，以虚拟现实为产业抓手，推动不同领域的跨界融合，进而定义新标准与新技术，乃至裂变出颠覆式的新产品和新市场，为我国数字经济体量进一步增加提供核心动力。

（三）"人工智能+大数据+云"在数字创意领域的成就

在理论和技术方面，我国已经在大数据智能、跨媒体智能、混合增强智能等基础理论方面和核心技术方面取得重要进展，在人工智能模型方法、核心器件和基础软件等方面取得了成果。在产业竞争力方面，国家层面已发布与人工智能标准化和大数据相关的白皮书，培育了一批全球领先的人工智能和云计算骨干企业（如阿里、腾讯、百度等）。在服务体系和产业生态链建设方面，公开数据显示，2019 年人工智能核心产业和云计算产业规模达到千亿元规模。

在数字文化创意创作生产方面，人工智能和云计算与传统行业结合，促进了创新链和产业链紧密衔接。人工智能和云计算技术协同起来在数字文化内容生产方面，已经带来广泛的经济效益。例如，人工智能在绘画、音乐、短视频等方面应用，通过云计算解决了用户（企业和个人）的计算应用需求，充分发挥了非专业人士在内容创作上面的热情，也带动了一批优秀创业公司的发展。

总体而言，在大数据和云计算环境下，人工智能在数字文化创意方面有非常大的发展潜力，我国以人工智能、大数据和云计算为基础的数字文化创意产业正逐步进入收获期。通过人工智能等技术在数字文化创意创作生产领域的应用，企业和个人运用数字创作、网络协同等手段可以提升数字文化内容的生产效率，为数字经济贡献大量份额。

（四）4G 在数字创意领域的成就

第四代移动通信技术（fourth generation，4G）应用在"十三五"期间处在爆发期，加速了文化资源的数字化。以动漫游戏、网络文学、网络音乐、网络视频等为代表的数字文化产品拥有广泛的用户基础，已经成为群众文化消费的主产品。2019 年，中国移动互联网月度活跃用户规模已达 11.4 亿，这直接带动数字文化创意产业进一步发展。例如，2020 年中国电子竞技市场规模达到 1406 亿元。

总体而言，数字技术比较容易突破文化资源的形态与空间局限，随着以 5G 为代表的高速移动通信技术的应用，以及虚拟现实、增强现实、8K 视频等技术的发展，未来人们可以通过移动智能终端，身临其境地体验不同类别的文化资源。随着互联网和数字技术的不断发展和普及，传统文化产业将实现数字化转型升级，并不断催生出数字文化产业的新业态和新模式，数字文化消费将成为扩大数字经济的核心源动力。

二、数字内容创新发展成就

"十三五"时期，我国数字内容产业保持蓬勃发展态势，已经成为引领文化振兴和文化强国的重要产业，并成为我国发展数字经济的重要力量。随着互联网和数字技术的普及，我国数字内容产业快速发展。2018 年，中国已拥有 6.75 亿网络新闻用户，6.12 亿网络视频用户，5.76 亿网络音乐用户及 4.32 亿网络文学用户，在整体网民中占比均过半。数字文化已经成为当前大众文化消费和信息消费的主流形态，并深刻影响着他们的生活方式、社交方式和表达方式。根据海外数据机构 Statista 的统计，2018 年中国已经成为全球互联网文化娱乐第二大市场，仅次于美国。得益于中国国内市场的繁荣和活力，在数字文化产业的细分领域，国际比较优势逐步凸显，自 2015 年起，中国已经成为全球第一大网络游戏市场，中国头部游戏公司的销售额及游戏下载量均处于世界领先地位。中国也是影视生产和消费大国，中国银幕数和影院数位居全球第一。同时，中国也是网络文学创作大国，2018 年国内重点网络文学网站的驻站创作者已超过 1755 万人，各类网络文学作品达到 2442 万部。

（一）网络文学

截至 2018 年 12 月，中国面向海外输出的网络文学作品数量达 11 168 部。中国网络文学企业进一步加大海外市场布局力度，采取自营海外网站、自建翻译团队的方式，将中国网文精品 IP 翻译成数十种语言输出给全球读者，海外读者对中国网络文学的关注度空前高涨。网络文学作为提动整个中国网络版权产业出海扩展的杠杆，突围作用和战略价值越发明显。

（二）网络游戏

随着我国游戏厂商的海外布局日益扩大，2018 年中国自研网络游戏海外市场实际销售收入达 95.9 亿美元，在全球海外市场中获得 22%左右的份额。相比 2008 年的 0.7 亿美元，十年复合增长率在 63%以上。2018 年中国自研网络游戏海外市场实际销售收入占我国网络游戏总销售收入的比重已经达到 30%左右，海外游戏市场已成为中国游戏企业重要的收入来源（图 3.17）。

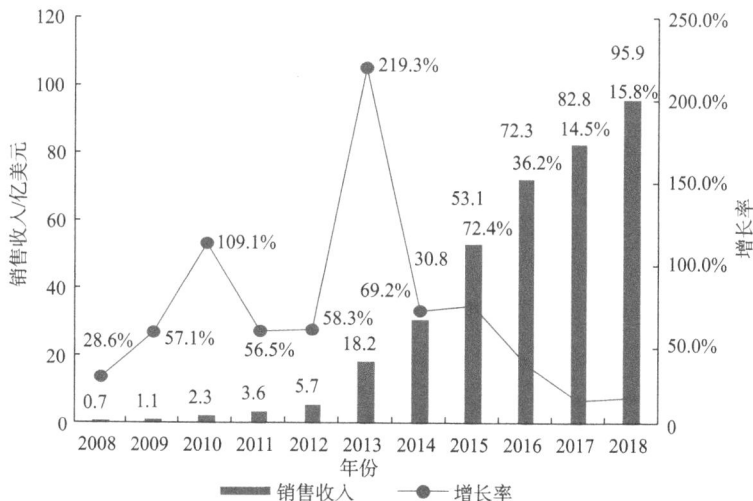

图 3.17　2008~2018 年中国自主研发网络游戏海外市场实际销售收入

资料来源：中国音数协游戏工委和中新游戏研究（伽马数据）

相比文学、影视、动漫等数字文化产业，中国网络游戏的出海规模和占比遥遥领先，成为数字文化出海的主力军。自 2013 年被称为中国移动游戏元年之后，中国自研网络游戏出海步入快速增长期。2016 年手游出海占网络游戏出海收入比重突破 50%，2018 年该占比达到 72.10%，成为网络游戏出海主力军。中国游戏市场已从电脑游戏时代的跟随者变成了移动游戏时代的先发者，在世界游戏领域的话语权凸显。

受益于网络直播平台影响力的扩大，游戏直播作为传播游戏内容的新媒介，在游戏产业链中的地位不断提升。2018 年中国游戏直播市场用户规模为 3.0 亿人，同比增长 38.5%；实际销售收入达到 74.4 亿元，同比增长了 107.2%。移动电竞发展飞速，在国内已形成了不小的规模。线下电竞泛娱乐场馆正在逐步形成，这将会串联起电竞从直播到赛事的每一个环节，且随着整体产业的不断发展，移动电竞的产品不断涌现。手游生命周期短的问题不仅能因为移动电竞得到有效缓解，更能进一步打通移动电竞整体产业链，促使整个移动游戏行业产生新的爆发点。

（三）影视业

由于消费者文娱支出占比提升，同时依赖渠道和内容质量的双重驱动，中国电影票房市场飞速增长。从进口电影票房与国产电影票房对比来看，两者都处于增长的态势。2018 年中国电影票房继续走高，继 2017 年的 559 亿元之后，2018 年终于突破了 600 亿元大关，总票房为 610 亿元。总体看，国产影片票房占比达到 62%，进口片占比为 38%。国产电影在近两年表现出较大幅度的增长，这有可能归功于《战狼2》《羞羞的铁拳》等优秀国产电影的贡献。从国产与进口电影份额占比上来看，国产电影份额基本呈增加态势（图 3.18）。此外，随着科技的发展，我国影院设备硬件设施条件不断完善升级，目前大多数主流院线已基本实现数字化放映，影院不断引进放映新技术如 3D、IMAX、巨幕及影院管理系统(theatre management system)等。影院设备水平的提高为观众营造了更好的观影环境，同时满足了人们的多样化需求。

电视剧出海初见效果，精品网剧出海成为新趋势。从电视剧出海来看，中国作为名副其实的影视生产和消费大国，大众文化传播初见效果。国家广播电视总局广播影视发展研究中心发布数据显示，2017 年中国影视内容出口额约为 1.22 亿美元，内容形态包括电视剧、动画片、综艺节目及纪录片。其中电视剧出口规模最大，主要市场为亚洲，2017 年亚洲市场出口规模达 7789.03 万美元，并且大量电视剧在海外获得热播。例如，由阅文集团独家 IP 改编的《天盛长歌》被美国流媒体巨头 Netflix 以独家原创节目最高级别预购，以十余种语言的版本在全球播出，实现了中国古装大剧走出去的重大突破。

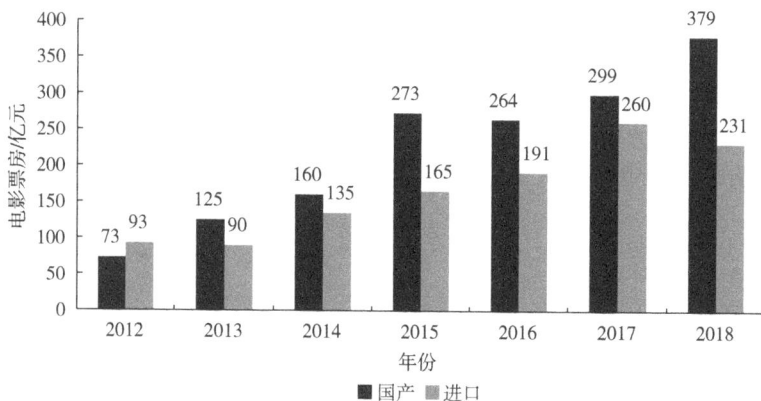

图 3.18 2012~2018 年国产进口电影票房趋势

随着网络视频在全球范围内日益成为用户娱乐的重要方式，网络自制剧日益精品化发展，依托于互联网渠道优势，网剧出海也成为新趋势。例如，奈飞（Netflix）买断由腾讯视频出品的《风味原产地·潮汕》的全球版权，于 2019 年 2 月同步 190 多个国家和地区播出，已配有 20 多种语言字幕，这是 Netflix 首次采购中国原创系列纪录片。《致我们单纯的小美好》于 2018 年 4 月登录 Netflix 在全球逾百个国家和地区播出，也创下青春网剧出海的成功先例。随着多部网络自制剧向海外的成功输出，其海外影响力也日益提升。

（四）数字音乐

中国音乐文化具有丰厚的历史底蕴，当代音乐元素和民族特色的结合使得中国原创音乐具有丰富的内容和形式，已经开始在音乐流媒体时代走上全球网络音乐发行之路。根据 IFPI（International Federation of the Phonographic Industry，国际唱片业协会）所发布的《2018 年全球音乐产业发展报告》，中国录制音乐产业起步较晚，在 2007 年位于 20 位之外。随着音乐版权及在线音乐付费营收的上升，在 2017 年中国录制音乐产业进入市场份额前 10 名，未来几年内中国录制音乐产业市场份额将有望进入全球前 3。

（五）短视频和直播

作为近年来移动互联网领域兴起的重要内容形式，短视频实现了视听审美的有机结合，为人们的生活提供了全新的观察视角。近几年，短视频领域发展迅猛，在 2018 年行业规模增速甚至达到了 300.82%（图 3.19）。短视频平台的移动性、互动性、碎片化、制作简单、视觉冲击力强的产品特征，契合了自媒体时代下广大网民的互联网社交和内容消费需要。快手、抖音、火山小视频等短视频 App 已经成为很多网民必备的手机应用。短视频是 PGC、UGC 的重要创作与分享平台。根据抖音的统计，2018 年度抖音日活跃用户数突破 2.5 亿人次，且极低的准入门槛，让每个抖音的用户都有可能成为创作者。

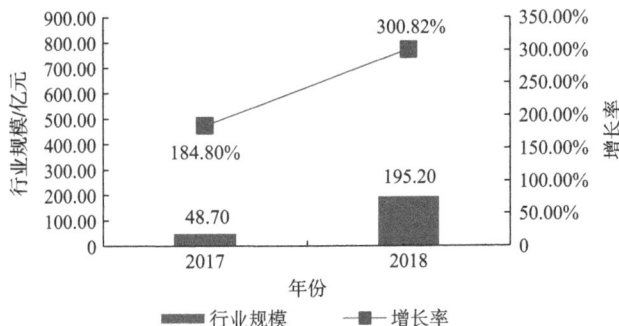

图 3.19　2017~2018 年中国短视频行业规模及增速

资料来源：艾瑞咨询

短视频行业在相关部门的指导下，进一步走向规范化，同时其正在加快与其他领域的融合，探索新的商业模式。在电商领域，各大平台纷纷以独立的短视频频道或应用的方式，引入短视频内容，帮助用户快速了解商品；在旅游领域，短视频平台加强与各大景区或城市合作，对旅游资源进行包装和推广，联合景点、城市推出主题视频挑战活动，助力打造"网红景点"和"网红城市"。

我国直播平台、短视频平台纷纷进行全球化布局，头部产品在多个国家或地区的应用排行榜上夺冠，如快手海外版 Kwai 2018 年 12 月同时登顶马来西亚 iOS 和安卓热门 App 排行榜榜首，今日头条下的火山小视频海外版（Vigo Video）同样为美国短视频最热门 App 之一，未来也有望成为推动中华文化内容海外传播的重要载体。

美国最热门的打赏型直播平台包括 Live.Me、Live.ly、Bigo Live 等，这三款作品分别出自猎豹移动、Musical.ly（今日头条已收购）和欢聚时代，背后主要是中国团队在运作。此外，Live.Me 是最早将打赏型直播在美国推广开来的平台之一。在打赏型直播领域，中国走在世界前沿，未来中国企业将继续加强国际影响力（图 3.20）。

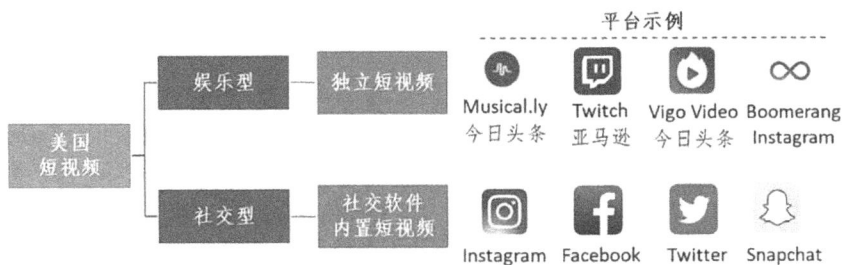

图 3.20 美国热门短视频示例

资料来源：恒大研究院

三、创新设计发展成就

（一）制造业创新设计

制造业创新设计能力显著提高。党的十八大以来，我国推动制造业由大变强，成为建设现代化经济体系的重要组成部分。无论是国产大型客机 C919、"蓝鲸 1 号"超深水双钻塔水半潜式钻井平台，还是 AV500 无人直升机，都是在吸纳、利用高新科学技术的基础上，于内外部设计上有了美学提升，使中国制造展现出高效、安全、人性化的一面，体现出我国工业设计在保障和推动制造业高质量发展中的重要作用。2019 年初，在深圳市当代艺术与城市规划馆"第三届中国设计大展及公共艺术专题展"中展出的"神舟"号载人航天飞船、"天宫一号"目标飞行器、"复兴号"时速 350 公里双层高铁客车等一批重大工程、特色工程项目，生动诠释了近年来我国制造业在创新设计方面取得的巨大成就。在国家级设计平台和创新平台建设方面，截至 2019 年，共建有国家级工业设计中心 171 家、国家级制造业创新中心 12 家、国家工程研究中心 101 家、国家级企业技术中心 1480 家，较好地支撑了我国的创新驱动发展战略。

企业创新设计竞争力不断增强。我国已形成一批具有国际影响力的设计创新型企业。波士顿咨询公司发布《2019 年全球最具创新力企业 50 强》榜单，该报告提出了六大指数评价企业的数字化创新与设计能力，包括大数据能力、新技术转化及引进速度、移动产品开发能力、数字化设计能力、平台技术和人工智能应用能力。将这些能力结合起来，有助于提高企业创新能力，在市场竞争中脱颖而出。其中，谷歌、亚马逊、苹果、微软和三星五家数字技术原创企业领跑榜单前五名。值得关注的是，我国企业腾讯 2013 年、2014 年、2015 年及 2018 年入榜，阿里巴巴 2018 年、2019 年入榜，华为 2012 年、2014 年、2015 年、2016 年、2018

年及 2019 年入榜。

设计服务业呈现蓬勃发展态势。设计服务业区域集聚和辐射效应基本形成，深圳、上海、北京、武汉相继被联合国教科文组织命名为"设计之都"。设计园区示范效应逐步显现，有利于设计人才交流、成果交易、设计创新的环境正在形成。设计服务企业加速成长，一批专业设计公司逐步承接高端综合设计业务，为制造企业提供全流程、全产业链设计服务。设计服务外包深入发展，国际化水平不断提高。

（二）服务业创新设计

在 2018 年服务业发展中，信息传输、软件和信息技术服务业，租赁和商务服务业同比分别增长 37.0%和 10.1%。从消费结构看，2018 年服务性消费占全国居民人均消费支出的比重为 44.2%。

新一代信息、人工智能等技术不断突破和广泛应用，加速服务内容、业态和商业模式创新，推动服务网络化、智慧化、平台化，知识密集型服务业比重快速提升。服务业转型升级正在推动新一轮产业变革和消费革命，使产业边界日渐模糊，融合发展态势更加明显，个性化、体验式、互动式等服务消费蓬勃兴起。

随着移动互联网不断发展，数字和智能科技产业在我国快速兴起，网络化、数字化、智能化、产品和价值链的高端化成为推动我国经济转型升级的关键技术。从数字和智能科技产业化的趋势来看，在 2018 年已经显露端倪的包括新零售、无人酒店、车联网、智能家居、智能安防、智能交通等在内的新型服务业即将进入全面商业化和应用阶段。尤其是随着 5G 通信技术和北斗卫星导航系统的推广应用，以数字和智能科技为基础的现代服务业都将成为我国经济转型发展的强大推动力。

（三）人居环境创新设计

根据《2018 年全国工程勘察设计统计公报》，2018 年全国工程勘察设计企业营业收入总计 51 915.2 亿元。其中，工程勘察收入为 914.8 亿元，占营业收入的 1.8%；工程设计收入为 4609.2 亿元，占营业收入的 8.9%；工程总承包收入为 26 046.1 亿元，占营业收入的 50.2%；其他工程咨询业务收入为 657.3 亿元，占营业收入的 1.3%。工程勘察设计企业全年利润总额为 2453.8 亿元，与上年相比增加 12.1%；企业净利润为 2045.4 亿元，与上年相比增加 13.7%。2018 年全国工程勘察设计行业科技活动费用支出总额为 1178 亿元，与上年相比增加 17.8%；企业累计拥有专利 20.2 万项，与上年相比增加 16.3%；企业累计拥有专有技术 4.7 万项，与上年相比增加 6.8%。

2018 年，我国发布《国家发展改革委办公厅关于建立特色小镇和特色小城镇高质量发展机制的通知》，文件指出，特色小镇和特色小城镇是新型城镇化与乡村振兴的重要结合点，也是促进经济高质量发展的重要平台。国家发改委在文件中提出建立典型经验推广机制，逐年组织各地区挖掘并推荐模式先进、成效突出、经验普适的特色小镇和特色小城镇，按少而精原则从中分批选择典型案例，总结提炼特色产业发展、产镇人文融合和机制政策创新等典型经验，以有效方式在全国范围推广，发挥引领示范带动作用。"第一轮全国特色小镇典型经验"是来自16 个精品特色小镇的五个方面经验：一是在如何打造新兴产业集聚发展新引擎方面，浙江德清地理信息小镇、杭州梦想小镇、福建宁德锂电新能源小镇、江苏镇江句容绿色新能源小镇、山东济南中欧装备制造小镇、黑龙江大庆赛车小镇的经验；二是在如何探索传统产业转型升级新路径方面，浙江诸暨袜艺小镇、广东深圳大浪时尚小镇、吉林长春红旗智能小镇、广东佛山禅城陶谷小镇的经验；三是在如何开拓城镇化建设新空间方面，江苏苏州苏绣小镇、云南曲靖麒麟职教小镇、吉林安图红丰矿泉水小镇的经验；四是在如何构筑城乡融合发展新支点方面，江西大余丫山小镇、安徽合肥三瓜公社小镇的经验；五是在如何搭建传统文化传承保护新平台方面，天津西青杨柳青文旅小镇的经验。

四、产业融合渗透发展成就

（一）在线教育

艾瑞咨询数据显示，2018 年中国在线教育市场规模达 2517.6 亿元，同比增长25.7%，预计未来 3~5 年市场规模增速保持在 16%~24%，增速持续降低但增长势头保持稳健。用户对在线教育的接受度的不断提升、在线付费意识的逐渐养成及线上学习体验和效果的提升是在线教育市场规模持续增长的主要原因。

自适应教育致力于通过计算机手段检测学生当前的学习水平和状态，并相应地调整后面的学习内容和路径，帮助学生提升学习效率。然而，学习是一个复杂且隐性的过程，简单的计算机编程很难有好的效果，因此运用人工智能技术来实现的人工智能自适应教育应运而生。人工智能自适应教育的本质与核心价值，即在于以数据和人工智能技术为驱动力，实现规模化的个性化教育。

自适应教育产品的全产业链包括：内容研发、数据采集、产品研发、市场推广和用户五个部分（图 3.21）。从教育流程场景来说，又可分为内容开发、教学（学习）、练习、测评、管理五个场景，这些场景环节中都存在人工智能自适应学习可以应用的场景。其中，自适应内容开发是其他四个环节的基础，目前国内很少有公司专门以这项工作为主要业务，大多数公司往往只把它作为一项内部产品开发的前续工作。自适应管理指的是通过分析教学、作业、测评环节的学生数据，对用户进行智能预警、提醒和跟踪，是其他四个环节成功应用后的附加产物。

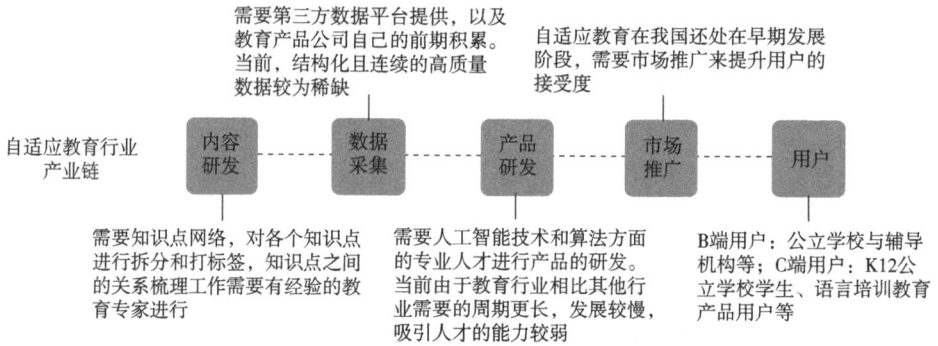

图 3.21　国内自适应教育行业产业链

资料来源：艾瑞咨询

人工智能在教育领域的落地应用是大势所趋。从应用的物理场景来说，目前已有的智能产品包括拍照搜题、分层排课、口语测评、组卷阅卷、作文批改、作业布置等，这些工具应用均是基于人工智能技术的支持（图 3.22）。

技术	图像识别	语音交互	语音识别	自然语言处理	智能搜索	情绪识别	虚拟现实/增强现实	自适应
场景	拍照搜题 作文批改 组卷阅卷	陪伴机器人	口语测评	作义批改 组卷阅卷	分层排课	判断学习态度	虚拟场景展示	学习路径规划 推送学习内容 侦测能力缺陷 预测学习速度 作业布置

图 3.22　自适应教育的场景与技术

在我国，截至 2018 年已经至少有超过四十家企业宣布发展人工智能自适应业务。K12（kindergarten through twelfth grade，即学前教育至高中教育）辅导是中国教育培训行业中市场规模较大的一个子领域，吸引力大；语言学习则因为学习内容轻量化的特点，在进行自适应设计方面有着天然的优势。个性化定制学习技术是其中一项应用较多的技术，如"懂你英语"是"英语流利说"这一移动应用中的一个服务产品。在"懂你英语"课堂正式开始前，用户需要首先进行定级测试，定级后系统会推送符合用户水平的课程。课程的学习材料通常为音频和图片，中间穿插听写、排序、语音跟读等练习环节。在其他多数在线教育企业和教育科技企业都遵循着教育行业传统，以"课程+老师"的模式变现时，"懂你英语"的标准版直接用机器替代了老师，这对教育行业来说是一次颇有意义的探索（图 3.23）。

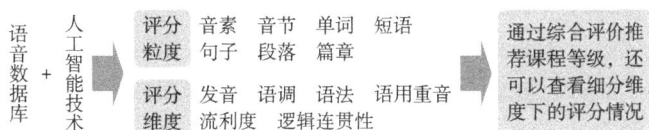

图 3.23 "懂你英语"的产品架构

　　另外，大数据技术也获得广泛应用。比如，"一起作业"以海量的学生作业作为数据基础，利用大数据进行分析，了解学生所掌握知识的薄弱点、遗漏处和强项，进而能够个性化地给学生推荐习题。"一起作业"的成功在于连接了老师、学生和家长三方主体，形成用户闭环，直面 K12 领域中产品使用者与付费者分离的痛点。老师可在"一起作业"老师端布置作业、查看学情分析，学生可在"一起作业"学生端完成作业或使用其他学习产品，家长则可在"家长通"中查看作业报告、进行家校沟通、为学生选购其他学习产品。

（二）旅游业

　　数字技术使得"互联网+旅游"的模式逐渐兴起，智慧旅游成为人们消费娱乐文化产品的重要方式。国家近年来通过一系列政策支持"互联网+旅游"的创新发展，旅游方式和资源的数字化程度不断深化，智慧旅游总体呈现发展态势良好的前景。以在线旅游为例，2018 年，中国在线旅游市场交易规模为 9754.25 亿元，增长率为 9.3%，在线旅游市场进入中速增长期（图 3.24）。其中，在线交通市场交易规模出现增速回落，机票市场波动、提直降代和监管加强对市场影响重大；在线住宿和度假市场占比均有提升，非标住宿的迅速发展使其已经成为住宿市场重要新业态；度假产品的多品类拓展、多主题开发也成为助推在线度假市场发展的重要因素。

图 3.24 2013~2018 年中国在线旅游市场交易规模及其增速

景区门票在线销售方面，在 2013 年到 2017 年间中国高星景区在线门票市场规模不断扩大，2017 年国内高星景区在线门票交易额已经超过了 188 亿元；门票销售的整体在线渗透率也在逐年增长，随着越来越多景区开放网络购票渠道，若加强与旅游电子商务行业合作进行门票分销，则未来在线景区门票市场规模将持续增加（图 3.25）。

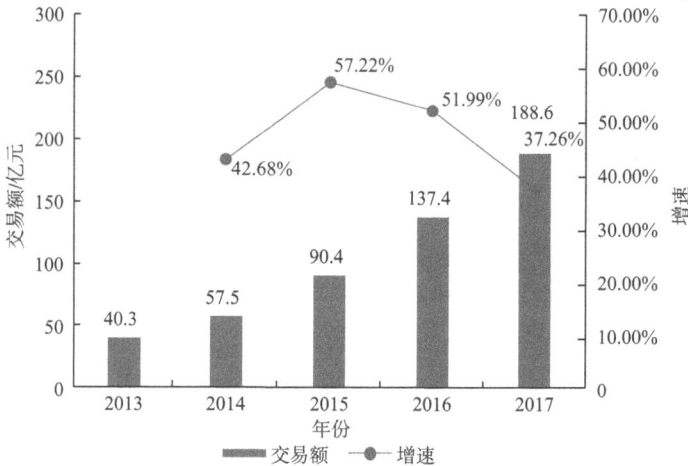

图 3.25　2013~2017 年中国高星景区在线门票市场规模及其增速

（三）电子竞技

目前，电子竞技已成为体育产业领域重要的组成部分，被认为是体育产业未来发展的重要方向。因此，电竞也成为体育、游戏、直播互相融合的重要方向，可以说，电竞的发展在很大程度上促进了上述三个领域的发展。电子竞技行业发展迅速，其中 2018 年电子竞技的市场规模为 940.5 亿元，增速达到 33.20%，表现出较好的发展态势（图 3.26）。

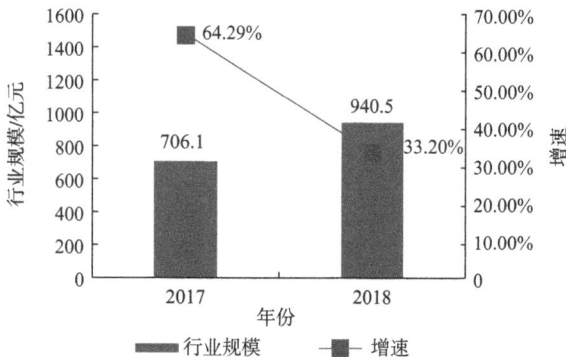

图 3.26　2017~2018 年中国电子竞技行业规模及其增速

从产业图谱上看，电子竞技产业内容方面的输出主要以游戏企业为主，在传播方面，主要以各大直播平台为主。体育方面则主要表现为一些体育赛事与体育品牌达成长期的战略合作。

第三节　重点城市数字创意产业发展态势

一、北京

北京作为全国的政治中心、文化中心、国际交往中心、科技创新中心，正向着纽约、东京、伦敦等国际城市看齐。在各项城市竞争力中，北京的文化资源、创新优势成为城市综合竞争力的重要因素和力量。根据北京统计局数据，2018年北京全年新经济实现增加值10 057.4亿元，按现价计算，比上年增长9.3%，占全市地区生产总值的比重为33.2%，比上年提高0.4个百分点。其中，高技术产业增加值为6976.8亿元，增长9.4%；战略性新兴产业增加值为4893.4亿元，增长9.2%。数字创意产业已经成为北京文创产业的重要发展方向，设计服务与战略性新兴产业、消费品工业、建筑业、旅游业、农业和体育等重点领域也已实现深度融合发展。

（一）设计服务（D）

自2012年当选联合国教科文组织的创意城市网络"设计之都"后，"设计"正逐步成为北京城市创新发展的新名片。2018年9月举办的北京国际设计周，经典设计大奖分为乡村振兴、生态文明、自主创新、综合设计四个设计方向；2018年12月在北京举办的中国设计节，主要聚焦绿色创新设计，北京设计迎来世界关注。数据显示，2018年，北京创意设计服务企业营业收入为2771.1亿元，同比增长17.8%。设计产业已经成为北京新的经济增长点。北京目前已经涌现出一批知名设计企业，如工业设计领域的阿尔特汽车技术股份有限公司和北京洛可可科技有限公司；动漫设计领域的完美世界控股集团有限公司和北京畅游时代数码技术有限公司；建筑设计领域不仅有中国建筑设计研究院有限公司等大型企业，还有悉地(北京)国际建筑设计顾问有限公司（CCDI）、北京中联环建文建筑设计有限公司等走向国际化的设计公司；平面设计领域有正邦创意（北京）品牌科技股份有限公司、东道品牌创意集团有限公司等。北京设计服务产业数量结构如图3.27所示。

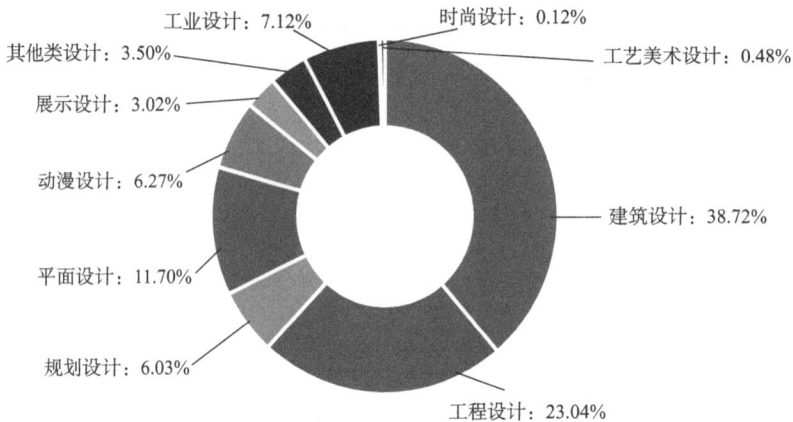

工业设计：7.12%
时尚设计：0.12%
其他类设计：3.50%
工艺美术设计：0.48%
展示设计：3.02%
动漫设计：6.27%
建筑设计：38.72%
平面设计：11.70%
规划设计：6.03%
工程设计：23.04%

图 3.27　北京设计服务产业数量结构
资料来源：根据北京市社会科学院和北京工业设计促进中心的调研数据整理

（二）数字创意技术（T）

近几年，北京的大数据、云计算、物联网、人工智能等新一代信息通信技术快速发展，为北京的数字创意产业提供源源不断的产业动力。综合清科、Wind、IT 桔子、蓝海巨浪等公开数据和天使指数团队投资机构定向采集数据，由中关村天使投资联盟整理，截至 2018 年 5 月 8 日，全国人工智能企业有 4040 家，北京市人工智能企业有 1070 家，占比为 26%；全国获得风险投资的人工智能公司合计有 1237 家（含 31 家已上市公司），北京获得风险投资的人工智能企业有 431 家（含 12 家已上市公司），占比为 35%。北京人工智能专利数量超过 2.5 万件，互联网周刊评选的 2016 中国人工智能 TOP100 中一半来自北京中关村。不仅如此，北京中关村还聚集着以联想、百度为代表的高新技术企业近 2 万家，形成了下一代互联网、移动互联网和新一代移动通信、卫星应用、生物和健康、节能环保、轨道交通等六大优势产业集群，集成电路、新材料、高端装备与通用航空、新能源和新能源汽车等四大潜力产业集群和高端发展的现代服务业，都将成为北京发展数字创意产业得天独厚的优势。

与此同时，北京积极布局下一代人机交互新型软件技术，依托北京技术实力强的人工智能企业，积极发展人工智能计算框架，如百度开发的深度学习开发平台 Paddle 和 DuerOS 操作系统，第四范式（北京）科技有限公司开发的企业人工智能核心系统"先知"平台，北京旷视科技有限公司面向视觉领域开发的人工智能开发平台"Face++"和中科创达软件股份有限公司开发的 TurboX 智能硬件大脑平台等，都将为北京的数字产业提供更好的技术基础。

（三）核心内容（4C）

北京的核心内容生产中，影视传媒、数字出版、数字音乐、动漫游戏等行业领域，已经全部涵盖其中。根据北京规模以上文化产业营收情况，2018年北京内容创作生产企业营收为2005.2亿元，增长8.7%；新闻信息服务为2558.3亿元，增长20.7%。在影视传媒方面，不仅有人民网、中央电视台、新华网等国有产业为依托，搜狐新闻、新浪、光线传媒等新媒体产业和民营产业更是势头强劲。在数字出版方面，北京的网络教育出版，一直保持高速增长态势，如高等教育出版社、人民教育出版社等传统教育出版单位，依托其丰富的教育资源，大力发展网络教育出版业务，实现了企业的数字化转型。北京拥有230多家传统出版单位和一大批新媒体企业，如同方知网、万方数据、龙源期刊、金山、完美时空等。这些拥有内容资源的传统出版单位和拥有数字化技术的新媒体公司在数字化浪潮下展现出勃勃生机。在数字音乐方面，北京拥有酷我音乐和百度音乐等数字音乐产业，是中国最集中的流行音乐产业聚集地。其中，北京通州的九棵树地区更是因为聚集了大批音乐产业从业人士而逐渐在行业内占有一席之地，这些音乐人才利用新兴的网络技术、突飞猛进的数字技术实现音乐的量化生产。在动漫游戏产业方面，据北京文化和旅游局、北京动漫游戏产业协会数据，2018年北京动漫游戏产业企业总产值达710亿元，相比2017年增长约13%。北京动漫游戏出口产值从2014年的42亿元持续增长至2018年的182亿元；北京大中型动漫游戏企业海外竞争力逐步提升，北京趣加科技有限公司、北京智明星通科技股份有限公司两家企业长年上榜中国"出海"游戏收入前五名；北京企业自主研发的网络游戏产品覆盖了100多个国家和地区，在全球游戏市场占据了重要位置。

（四）融合渗透（X）

北京数字创意产业不断融合发展，包括文化与科技、文化与金融等领域都在深入融合发展，设计服务与战略性新兴产业、消费品工业、建筑业、旅游业、农业和体育等重点领域也逐步走向融合发展。在文化与科技融合发展方面，软件和信息服务业垂直整合不断深化；信息消费需求强劲，成为软件和信息服务业新的增长点。传统文化创意产业与科技融合发展有效促进产业升级，云计算、大数据、物联网、虚拟现实等最新科技成果被广泛应用于传统媒体，实现了传统媒体与新媒体融合发展，动漫游戏、3D打印、移动多媒体、网络电视、虚拟会展、艺术品网络交易等文化科技融合新业态也在进一步发展。在文化与金融融合发展方面，文化创意产业投融资服务体系建设逐渐完善；文化企业，尤其是小微型企业的融资渠道逐步拓宽，融资结构更加优化。在"互联网+"文化创意新业态发展方面，互联网的应用整合创意、硬件、软件、资本等要素，实现文化生产力的提速换挡；依托大数据，文化创意服务实现精准化、智慧化；对外文化贸易也依托互联网技术加速发展。

二、上海

上海是中国经济、金融、贸易、航运、科技创新中心。2018 年，上海生产总值达到 32 679.87 亿元，按可比价格计算，比上年增长 6.6%。其中，战略性新兴产业增加值为 5461.91 亿元，比上年增长 8.2%，占上海市地区生产总值的比重为 16.7%。上海文创产业产值稳步增长，2018 年实现增加值 4227.72 亿元，同比增长 8.9%，文创产业跻身上海八大重点产业。2017 年"上海文创 50 条"首次提出，未来上海将主要聚焦影视、演艺、动漫游戏、网络文化、艺术品交易、出版、创意设计、文化装备等八大产业板块，建设全球影视创制中心，打造亚洲演艺之都，建设全球动漫游戏原创中心，巩固国内网络文化龙头地位，深化国际创意设计高地建设，构建出版产业新格局，构建国际重要艺术品交易中心，加快实施文化装备产业链布局等，并加快全球电竞之都建设。

上海各区积极打造区域特色文创产业。浦东新区打造电竞核心功能区；黄浦区打造"演艺大世界"；静安区推进"影视+电竞+时尚"产业；徐汇区推进"人工智能+艺术品"产业；长宁区加快虹桥时尚创意产业集聚区建设；普陀区做优做强互联网影视产业；杨浦区打造滨江创新带文创空间；虹口区做强音乐产业基地；宝山区推动"文创+邮轮"产业；闵行区聚焦国际贸易、网络信息等形成集聚优势；嘉定区重点发展广告、工业设计等产业；金山区聚焦绿色印刷产业升级；松江区推进高科技影都建设；青浦区推进世界手工艺产业博览园等项目建设；奉贤区推进"东方美谷"产业；崇明区聚焦休闲旅游产业。通过集聚产业要素，高质量发展，全面提升产业支撑能力，集聚产业要素释放文创强大势能。

（一）设计服务（D）

上海是国际化的设计之都、时尚之都、品牌之都。上海设计服务业目前的规划是深化国际创意设计高地建设。

在人居环境设计业，上海被选入全国首批特色小镇的有三个，分别是金山区枫泾镇、松江区车墩镇、青浦区朱家角镇；被选入全国第二批特色小镇的有六个，分别是浦东新区新场镇、闵行区吴泾镇、崇明区东平镇、嘉定区安亭镇、宝山区罗泾镇、奉贤区庄行镇；在人居环境设计业方面的代表性高等院校有同济大学建筑与城市规划学院。

上海工业设计能力很强，上海典型的国家级工业设计中心有：中芯国际集成电路制造（上海）有限公司设计服务中心、上海晨光文具股份有限公司产品设计中心、上汽通用五菱汽车股份有限公司工业设计中心、上海龙创汽车设计股份有限公司、上海家化联合股份有限公司工业设计中心（技术中心）等。

同时，上海出台了《上海创意与设计产业发展"十三五"规划》，规划上海在设计服务业的持续发展。

（二）数字创意技术（T）

上海在数字创意技术领域表现不俗。例如，上海有多家新兴虚拟现实企业，如上海乐相科技有限公司、上海维塔士电脑软件有限公司等；有多家新兴增强现实企业，如视辰信息科技（上海）有限公司、上海巨现智能科技有限公司等。

另外，上海虚拟现实与增强现实产业联盟也于2017年1月8日正式宣告成立，该组织旨在推动整个虚拟现实、增强现实产业的发展，2018年已有上海维塔士电脑软件有限公司、上海水晶石数字科技有限公司、上海大学等80多家成员，囊括了上海及周边地区产业的中坚力量。

上海雄厚的科研力量为其在数字技术装备产业上的发展提供了强有力的支持。上海有多所高校和科研机构，聚集了10万余人的科研人才。

同时，上海出台了《上海市制造业转型升级"十三五"规划》《上海市科技创新"十三五"规划》《上海促进高端装备制造业发展"十三五"规划》等政策，规划和指导上海数字技术装备产业的持续发展。

（三）核心内容（4C）

在动漫游戏业，上海有众多知名企业，如上海河马文化科技股份有限公司是国内最大的3D动画公司之一；上海数龙科技有限公司为国内头部网络游戏开发商、运营商和发行商；巨人网络集团股份有限公司为以网游为起点的综合性互动娱乐企业；上海久游网络科技有限公司为国内首家开辟音舞游戏商业化模式的公司。

在文化博物业，截至2018年，上海共有博物馆、纪念馆和陈列馆125座。以上海常住人口计，每20万人拥有1座，高于全国平均水平。作为全国会展业最为发达的城市，2000年后，上海会展项目呈现"国际化、品牌化、专业化、市场化"的快速发展趋势。

在数字出版业，上海有移动阅读类产品公司——掌阅科技股份有限公司，以及中国较大的社区驱动型网络文学公司——上海盛大网络发展有限公司。

同时，上海还出台了《上海市"十三五"时期文化改革发展规划》《上海市促进文化创意产业发展财政扶持资金实施办法》《关于加快本市文化创意产业创新发展的若干意见》等文件，指导和助力上海创意内容产业蓬勃发展。

（四）融合渗透（X）

玩具业、旅游业是数字创意与其他产业融合渗透发展的典型产业。上海在这两个产业表现依然不俗。

在玩具业，截至 2018 年上海有 230 家玩具企业。

在旅游业，上海有中国大型航空企业——中国东方航空集团有限公司，大型酒店集团——华住酒店管理有限公司和锦江国际（集团）有限公司，在线旅游票务服务公司——携程。另外，上海还拥有中国内地首座迪士尼主题乐园。上海迪士尼乐园于 2016 年 6 月 16 日正式开园，是中国第二个、中国内地第一个、亚洲第三个、世界第六个迪士尼主题公园。

此外，上海国际电影节、中国上海国际艺术节、ChinaJoy 展会、艺术博览会、设计之都活动周、上海时装周、上海书展等一系列节展赛评，则是文创产业集聚的无形平台。在将活动打造为上海文化金字招牌的同时，也能带动产业要素的集聚、融合、发展。

三、杭州

杭州作为七大古都之一，文化底蕴深厚且资源丰富，如良渚文化、西湖文化、运河文化等，被联合国教科文组织誉为"手工艺与民间艺术之都"。根据《2018年杭州市国民经济和社会发展统计公报》，全年数字经济核心产业增加值为 3356亿元，增长 15.0%，占地区生产总值的 24.8%。电子商务产业增加值为 1529 亿元，增长 17.5%；软件与信息服务产业增加值为 2508 亿元，增长 17.0%；数字内容产业增加值为 2098 亿元，增长 15.8%。杭州六大产业群整体势头良好，其中文化创意产业增加值为 3347 亿元，增长 11.6%；旅游休闲产业增加值为 1038 亿元，增长 13.0%；健康产业增加值为 809 亿元，增长 10.0%。截至 2019 年，杭州有两个国家级的动漫产业基地和三个国家级的动画教学研究基地，国际动漫节连续举办了 15 届。经济方面，杭州以更加开放的姿态拥抱互联网，成为逐渐升起的一颗"经济"新星，互联网金融、电子商务、人工智能、大数据等产业发展迅速，信息经济、数字经济对地区生产总值的贡献比例不断增加。

杭州既是"人间天堂"、休闲旅游的胜地、文化艺术之廊，又是数字时代、信息经济的新兴之城，互联网金融、电子商务的发展在全国位列前茅。正是这两个看似大相径庭的特质，在杭州交融、发展，让杭州成为名副其实的创意之城。在城市影响力方面，2016年杭州成功举办G20峰会，并且2022年亚运会也将在此举行，乌镇举办的世界互联网大会，对杭州形成了辐射影响，使杭州的城市影响力不断上升。2018年中国社会科学院对城市影响力指数进行排名，杭州排在第四位。杭州具有数字经济、服务经济的领先优势，以及丰富的文化资源、浓厚的创意氛围。同时，杭州不断增加的影响力、竞争力与辐射力，也让这座城市天然地与数字创意的内涵和发展方向相融合，成为理想的数字创意的发展之都。

（一）设计服务（D）

设计是将知识、技术、信息和创意转化为产品、工艺、装备及经营服务的先导和准备，决定着制造服务的品质和价值。杭州在设计服务业的发展具有自身的特点和优势，其特点和优势分别是文化创意设计、"互联网+"设计和科技设计。丰富的文化资源与创意氛围为杭州设计的发展提供了持续动力，而"互联网+"产业，特别是电子商务产业及其带动的以互联网产业为代表的集信息技术、人工智能、新型医药、新材料等为集群的高新技术产业的蓬勃发展，也为杭州设计的发展带来了想象空间；通信、软件、集成电路、数字电规、动漫、网络游戏等与设计形成联动，加速创新，滨江"天堂硅谷"正在逐步形成。杭州人居环境设计方面，以设计服务业和数字创意技术为特色的小镇主要有余杭艺尚小镇、余杭梦栖小镇和临安云制造小镇；数字创意核心内容小镇主要有西湖艺创小镇、滨江创意小镇和大江东巧客小镇；而数字创意融合渗透小镇主要有临安红叶小镇、桐庐妙笔小镇、吴山宋韵小镇等。在服装设计方面，浙江理工大学、中国美术学院每年为杭州输出大量的服装设计专业人才，目前已经形成了诸多具有江南特色的"杭派"女装品牌，成为中国女装业的新亮点；在工业设计方面，杭州拥有国家级工业设计中心——杭州瑞德设计股份有限公司，在人才培养上，不仅有浙江大学这样的综合性院校培养的全面发展的、高素质的创新设计人才，也有中国美术学院培养的具有专业艺术素养的专业设计人才。

（二）数字创意技术（T）

杭州数字创意技术具有巨大的发展空间。杭州在G20峰会举办期间，运用数字技术，上演了一出精彩绝伦的《最忆是杭州》。《最忆是杭州》在室外、水上自然环境采用了虚拟影像技术——佩珀尔幻象（Pepper's ghost）技术，是数字创意技术在艺术展演领域的一次重要尝试。《天鹅湖》《月光》《我和我的祖国》这三个节目均由此技术呈现，并取得了很好的效果。在数字视频领域，杭州拥有实力强劲的杭州海康威视数字技术股份有限公司和浙江大华技术股份有限公司，这些公司为杭州数字视频产业的完善提供了动力，有力地促进了杭州数字技术装备体系的成熟。在人工智能领域，杭州已成为人工智能四大中心之一，不仅有依托阿里云公司建设的城市大脑这个国家新一代人工智能开放创新平台，而且浙江省政府联合浙江大学、阿里巴巴重点打造了新型科研机构——之江实验室，重点布局人工智能和量子技术等的发展。

（三）核心内容（4C）

杭州的核心内容领域呈现 T 型分布，不仅有阿里巴巴文化娱乐有限公司（以下简称阿里文娱）、网易（杭州）网络有限公司（以下简称网易）这样体量较大、横跨多个领域的平台型的企业，而且在每个细分领域也有许多可圈可点的公司。阿里文娱布局"3+X"战略，打造三大核心平台，大优酷事业群、大 UC 移动事业群和垂直业务事业群；形成了多个专业总队，包括阿里文学、阿里游戏、阿里影业、阿里音乐、优酷网综等。网易也经过长时间的积累，发展了十分庞大的创意内容产品群。以"IP"为发展核心的美盛文化创意股份有限公司，已经形成"自有 IP+内容制作+内容发行和运营+衍生品开发设计+线上线下零售渠道"的文化生态圈。

在细分领域，如影视传媒方面，不仅有像浙江华策影视股份有限公司这样主营电影电视的公司，也有像宋城演艺发展股份有限公司这样主打现场演艺和娱乐一体的公司；动漫游戏方面，网易游戏不断推出制作精良的原创游戏，逐渐发展为国内最大的游戏公司之一。在文化博物方面，2018 年，杭州有文化馆（不含省）14 个，博物馆、纪念馆 91 个，全国重点文物保护单位 39 处，公共图书馆（不含省）15 个。在数字出版方面，杭州不仅有浙报传媒控股集团有限公司这样由传统纸媒转型的企业，也有新兴的数字内容出版媒体。

（四）融合渗透（X）

融合渗透是数字创意产业有别于其他产业的一个重要特征，是数字创意产业向前发展的应用层。典型的数字创意融合渗透产业有玩具业、体育业、旅游业等。"产量巨大、原创性低、贴牌生产赚取廉价加工费"一直是国内玩具的现状和难题。对于玩具行业来说，最好的出路就是提升创新设计水平，开发优质的原创玩具。杭州的浙江木玩世家玩具有限公司（以下简称木玩世家）就是这样一家玩具企业，木玩世家成立于 1973 年，历经三代传承，如今已经成长为国内儿童木制玩具领军品牌，品牌知名度在国外也一路飙升，是少有的成功输出"中国品牌"的玩具企业。体育业方面，杭州成功获得 2022 年亚运会举办权，亚运会这种体育大事件不仅对于杭州体育产业的升级有重大的推动作用，同时对整个城市影响力和竞争力的提升也具有重大作用。旅游是杭州的一张传统名片，作为"中国最佳旅游城市"，杭州率先在全国启动旅游大数据中心建设，通过海量异构数据的专业化整合集成、关联共享、深度挖掘和安全防护，实现数据资源的综合应用、深度应用，为政府、企业和游客提供决策及咨询服务。大数据赋能杭州旅游，为精准旅游、智慧旅游打下了坚实的基础。

四、深圳

深圳是全国性经济中心和国际化城市，是中国改革开放建立的第一个经济特区和改革开放的窗口，已发展为有一定影响力的国际化城市，创造了举世瞩目的"深圳速度"，同时享有"设计之都""创客之城"等美誉。根据《2018 年深圳市国民经济和社会发展统计公报》，2018 年，深圳实现地区生产总值 24 221.98 亿元，比上年增长 7.6%。全年战略性新兴产业增加值合计 9155.18 亿元，比上年增长 9.1%，占地区生产总值比重为 37.8%。其中，新一代信息技术产业增加值为 4772.02 亿元，增长 10.9%；数字经济产业增加值为 1240.73 亿元，增长 3.8%；高端装备制造产业增加值为 1065.82 亿元，增长 10.7%；绿色低碳产业增加值为 990.73 亿元，增长 11.7%；海洋经济产业增加值为 421.69 亿元，下降 11.3%；新材料产业增加值为 365.61 亿元，增长 8.6%；生物医药产业增加值为 298.58 亿元，增长 22.3%。中国社会科学院和联合国人居署共同发布的《全球城市竞争力报告 2018—2019》中，深圳作为中国唯一进入全球十强的城市，居第四位，展现了较强劲的城市经济竞争力与可持续竞争力。

深圳作为创新资源富集、产业基础深厚的城市，目前正致力于建设富有创意内容、创新模式和强大创意能力的数字创意产业发展策源地。文化与科技融合创新是深圳文化产业发展的基本模式，深圳的新一轮数字创意产业正在向尖端化、跨界化、国际化迈进。

（一）设计服务（D）

深圳是中国首个"设计之都"，已建立超越式发展格局，深圳设计不仅在全国屹立潮头，而且已成为世界设计之都的核心成员。2018 年，深圳拥有各类工业设计机构逾 6000 家，工业设计专业公司 500 多家，全行业相关从业人员超过 12 万人，工业设计企业产值达 100 亿元。深圳工业设计行业的创新能力逐步提高。2018 年，深圳已经建成国家级、省级和市级工业设计中心分别为 5 家、15 家和 86 家，一批在全国颇具影响力的品牌设计中心不断涌现。深圳工业设计产业一直在持续创新，引领了高端综合设计服务、全产业链设计创新服务平台、自有品牌创建等新兴业态和商业模式的最新风潮。人居环境设计方面，深圳着力布局打造 15 个主打"文化+""科技+""互联网+""旅游+"的产业特色小镇，其中数字技术支撑小镇有宝安硅谷科技小镇、平湖跨境电商小镇、坂田"互联网+"小镇、大浪时尚创意特色小镇等；数字创意核心内容小镇有石岩阿婆髻雕艺文化小镇、前海海丝小镇、松岗琥珀文化小镇、沙云大学小镇、观澜文化旅游新高地、福永凤凰文旅科创小镇、沙井金蚝美食文化小镇等；数字创意融合渗透小镇有西乡滨海风情小镇、华侨城光明小镇、盐田滨海运动特色小镇、华侨城甘坑客家新镇等。在时尚服饰设计方面，深圳大浪时尚小镇拥有一批知名品牌，已落户一批总部企业。据统计，2019 年小镇入驻时尚企业及配套企业总数为 507 家。

（二）数字创意技术（T）

电子技术装备是深圳的优势产业，经过长时间的发展积累，已经形成了完整的产业体系，以虚拟现实、增强现实为例，2018 年深圳有近百家的硬件企业、数千家电子方案商、众多内容应用开发商和渠道商、1000 多家供应链企业和代工厂。完善的供应链、众多的方案商、工艺技术较高的制造工厂及广泛的销售渠道使深圳发展数字创意技术具有得天独厚的优势。据统计，2017 年上半年，全国 1300 多家虚拟现实企业中，深圳就有 500 多家，占比接近 40%，其中包括主打工业级虚拟现实智能眼镜研发的深圳增强现实技术有限公司等。在人工智能领域，深圳有着很好的积淀和发展优势，是我国人工智能四大中心之一，同时拥有依托腾讯公司建设的医疗影像国家新一代人工智能开放创新平台。

（三）核心内容（4C）

在数字核心内容创意领域，深圳同样显示出其强大的实力。影视传媒方面，深圳市天威视讯股份有限公司是深圳主营有线电视网络的龙头企业，已经逐步形成了以传输视频信息和开展网上多功能服务为主、向产业链的上下游渗透、多业务并举的文化产业发展模式，探索出一条广电事业和文化产业协调发展的新路。华视传媒集团有限公司是中国较大的移动电视媒体运营商，依托于户外数字电视频道联播网平台，覆盖全国公共交通 Wi-Fi（wireless fidelity，无线保真）。动漫游戏是深圳发展创意内容业的优势领域，以腾讯为例，腾讯不仅在游戏业市场份额占比近五成，并且在内容产业经过多年的布局，在动漫、影业、文学、电竞等市场领域的份额占比也较大。在文化博物馆领域，截至 2018 年底，深圳共有博物馆 48 家，其中 31 家非国有博物馆，占全省非国有博物馆（86 家）的 36%，数量居全省第一。在数字出版方面，深圳既有以传统出版为主的深圳出版发行集团，也有像深圳市懒人在线科技有限公司这样的新兴的出版媒体。

（四）融合渗透（X）

玩具业、体育业、旅游业是数字创意与其他产业融合渗透发展的典型产业。广东是玩具制造的主要地区，占全国市场份额的近七成，玩具制造产业链已经十分成熟。深圳的体育业已发展得十分成熟，基础体育设施完善，截至 2016 年底，体育场地达 13 049 个；深圳已经成为各种体育大赛的重要城市，近几年，越来越多的职业俱乐部落户深圳，成为深圳体育转型的契机。旅游方面，深圳作为全国首批"全域旅游示范区"建设城市，将旅游业作为产业转型的"助推器"和"催化剂"，不断加大旅游业与特色小镇、文化创意、信息科技、工业体验、体育运动、邮轮游艇融合发展力度。

第四章　我国数字创意产业发展存在的问题

第一节　数字创意技术装备创新方面的问题

数字创意产业涉及众多新一代信息技术，是典型的高新技术产业。技术与装备创新是推动数字创意产业发展的重要基础力量。然而，目前我国在人工智能和大数据基础理论与核心芯片、超高清视频核心器件、虚拟现实设备、内容平台等数字创意技术与装备领域的创新支撑不足，与美国、英国、日本、韩国等国家还有一定的差距。

一、超高清视频领域

总体来看，我国超高清视频技术仍然处于发展初期，在取得一定成绩的同时，仍面临诸多挑战和不足。

（一）超高清技术攻关和摄像机等基础器件的研发投入不足

摄像机是摄取超高清视频内容必不可少的关键设备，我国摄像机工业在基础器件研发和整机集成上目前只能进入低中端市场，广播电视等领域使用机器仍依赖进口。4K、8K 超高清的来临将使我国面临更加严峻的技术攻关和高端人才流失的挑战，仍需要大量研发资金的持续投入。

（二）行业测试标准规范缺乏

目前已颁布的国家标准、行业标准主要集中在信源编解码和终端接收显示等领域，信道、接口、安全、应用的端到端的超高清视频标准体系尚未完全建立。技术标准的不统一和认证规范的缺失，导致现有的超高清视频技术参差不齐，不利于优质体验，影响产业未来的普及和健康发展。

（三）产业重点专利布局滞后，存在经济利益受损隐患

在超高清方面，我国尚未形成支持产业发展的专利布局，电视厂商仍主要采用国际成熟技术，需支付专利费。

（四）内容源头供给严重缺乏

严格符合 4K、8K 标准的视频内容整体偏少，成为制约超高清视频产业发展的关键瓶颈。内容制作成本高、产出回报周期长、版权无法完全保护等问题，极大地降低了内容制作企业对于超高清视频的制作意愿。

二、三维声技术

我国目前使用的三维声技术仍然以国外的技术为主，缺乏对于三维声技术的研发投入。我国的三维声技术仍处于研发阶段，三维音频的编解码技术和前后处理技术需要突破，三维音频的制作技术标准、音频质量评审制度仍需完善。我国在这些领域研究人员较少，导致自主研发的三维声技术基础薄弱，很难形成完整成熟的音视频解决方案。目前我国终端产品仍然采用国外先进成熟的音视频技术，处于"跟着别人走"的阶段。随着未来技术的发展，我国在技术上易受制于人，且难以生产出具有市场竞争力的产品。

三、虚拟现实/增强现实领域

我国目前在虚拟现实/增强现实技术层面存在的问题可以归纳总结为以下三个方面。

（一）缺乏对虚拟现实/增强现实技术与系统工程层面的研发投入

在芯片、传感器、显示器件等软硬件层面上，大部分技术片面追求单一性能参数，过分强调屏幕分辨率等技术指标。对于如何解决虚拟现实/增强现实产品实际应用中存在的问题，增强虚拟现实/增强现实观看设备从大尺寸的头戴式设备向

小尺寸的平板、智能手机的渗透力，提升虚拟现实/增强现实使用体验等，我国仍需增加研发力度。

（二）优质的虚拟现实内容应用不足

虚拟现实产业发展遵循硬件、内容同时发展的节奏，硬件是堡垒，内容是应用，内容应用是提升用户体验的主要方式。目前，虚拟现实/增强现实内容应用及开发工作已成为全球虚拟现实投资的重要领域。我国尚处于虚拟现实内容制作的探索阶段，内容带动不够，导致缺乏可持续性消费的市场。丰富虚拟现实/增强现实内容，避免"有车没油"的问题，已成为当前虚拟现实产业发展的重要议题。

（三）产业生态链尚未成形

国外信息与通信技术巨头企业在重点领域广泛布局，在谷歌、苹果、微软等巨头的虚拟现实战略引导下，众多中小企业只能围绕虚拟现实/增强现实产业链中的薄弱环节进行针对性的软硬件研发和内容制作。我国的虚拟现实/增强现实企业表现出产业链协同力不足的发展态势，一些垂直行业，如教学、医疗、工业制造等领域的应用尚未完全打开。

四、数字内容生产和创新设计软件领域

在数字创意内容的生产和制作方面，我国的数字内容加工处理软件支撑不足。大量的工业设计软件主要依赖进口。高端数字内容制作和创新设计的软件，如虚拟现实内容制作、工业设计软件、动漫游戏制作引擎软件等国产贡献率不高，受到进口软件的影响。对国外数字内容加工处理软件技术的依赖不利于我国数字创意产业的发展。我国应加大研发力度、开拓奖励机制、组织相关技术人员对这一类软件进行开发，争取自主研发出能够替代甚至取代国外软件的成果。

第二节　数字内容创新方面的问题

一、数字内容创作方面

近年来，我国数字内容产业持续稳定发展，产业实力不断增强，社会影响力不断提高。不少企业加大研发投入，着力打造精品，努力实现网络技术和优质内

容的有机统一，高质量发展方向逐渐明晰；业界更加重视社会效益，积极回应社会关切，加强内容自审把关，社会责任意识有所提升。与此同时，当前数字内容产业仍存在创新能力不够、内容质量不高、文化内涵不足、精品力作不多、社会责任感不强等突出问题，需要持续发力加以解决。

二、数字内容生产技术方面

在数字内容创新方面，大数据技术、跨媒体技术、群体智能技术等新兴技术开始大规模赋能数字创意产业，日益提升数字创意产业的内容与实体生产能力。以多媒体内容为例，随着人工智能技术在近年来的飞速发展，众多辅助多媒体内容生产的工具应运而生，电子商务领域人工智能技术与设计的结合越来越广泛，由辅助设计、平面设计生成到视频智能生成和多媒体内容智能生成。设计结合人工智能带来的价值在业务中得到了很好的验证，体现了人工智能技术在促进多媒体内容生产中起到的巨大作用，也预示了其广泛的应用前景。在国内，阿里巴巴"鹿班"和 Alibaba Wood 及腾讯的 Dreamwriter 等数字内容智能设计工具已经投入研究探索和市场应用。在国外，Autodesk、Adobe 等设计软件及科技巨头在智能设计领域进行了大量的研发投入，在前沿智能设计技术、系统和平台方面占据明显优势，并形成了各具特色的智能设计平台。目前，我国急需加强数字文化内容领域设计创作的共性关键技术研究，推动数字内容智能设计技术的工程化和产业化。同时，需要加快发展建设跨部门、跨区域、跨行业的文化资源大数据平台和共享平台，开展文化资源分类与标识、数字化采集与管理、多媒体内容知识化加工处理，以促进数字内容智能设计的成果和产业转化。

第三节　创新设计发展方面的问题

一、跨学科协同创新方面

我国创新设计总体水平大而不强，跨学科协同和系统集成创新不够，无法有效支撑起数字创意产业的快速发展。发展数字创意产业需要数字创意技术装备和数字文化内容协同创新。对于众多的数字创意产业领域，需要融合各领域的知识与技术，创新性系统集成人工智能、大数据、云计算、数字感知交互、虚拟现实等前沿技术，以实现高层次的人机协同。以演艺装备行业为例，演艺装备行业是服务于文化产业的设备制造业，涉及舞台音响、灯光、机械、视频等众多舞台技术的系统集成，服务领域广泛，包括专业场馆、户外演出、影视、体育场馆、娱乐场所、展览展示、公共广播、音视频系统、建筑声学和景观照明等领域。随着虚拟现实、全息成像、感知交互、超高清、人工智能等数字创意技术的飞速发展，更高的分辨率、更多样的媒体形式和更具沉浸感的体验将进一步促进设备制造产业提质升级。同时，5G技术逐步商用，高效、快速的网络让演艺打破时间、空间的限制，可视化、交互性、沉浸式的各类数字创意产品、内容和服务将不断涌现，这些都对演艺装备行业的创新设计提出了更高的要求。虽然我国演艺装备产业近年来发展迅速，装备技术水平较快提升，应用领域不断拓展，但仍存在自主创新能力不强、系统集成能力不足、新技术应用广度深度有待提高等问题。因此，需要投入各方力量，进行协同创新，大力提升创新设计水平，从而服务于数字创意产业的高质量发展。

二、创新设计人才培养方面

数字创意产业具有跨领域和交叉性的特点，这一领域面临着较大的人才缺口，同时，在创新设计人才培养上面临新的挑战。因此，迫切需要高校及产业界在艺术、文化、科技、商业等方面加大人才培养力度，提高数字创意产业人才的综合能力。

第五章 "十四五"时期数字创意产业重点发展方向

第一节 数字创意产业发展目标

一、数字创意技术装备发展目标

（一）超高清产业

到 2025 年，精密光学镜头、大规模 CMOS（complementary metal oxide semiconductor，互补金属氧化物半导体）图像传感器、4K/8K 高速处理芯片、编解码芯片等核心元器件形成产业化能力，国产 4K 摄像机、专业视频监视器等前端设备形成产业化规模，丰富超高清智能电视、机顶盒、摄像设备、投影设备等终端设备的供给；全面普及符合 HDR、宽色域、三维声、高帧率、高色深要求的 4K 电视终端，"5G+8K"电视终端销量占电视总销量的比例超过 30%；全国超过一半省区市的有线电视网络和 IPTV（Internet protocol television，互联网电视）平台开展 4K 直播频道传输业务和点播业务，丰富优质超高清节目供给，实现超高清节目制作能力超过 10 万小时/年；4K 超高清视频用户数达 6 亿；加大超高清视频在广播电视、文教娱乐、医疗健康、安防监控、智能交通和工业制造行业的应用规模，超高清视频产业产值达到 8 万亿元。

（二）虚拟现实/增强现实产业

到 2025 年我国虚拟现实产业整体实力进入全球前列,掌握虚拟现实关键核心专利和标准，形成若干具有较强国际竞争力的虚拟现实骨干企业，创新能力显著增强，应用服务供给水平大幅提升，产业综合发展实力实现飞跃，虚拟现实应用能力显著增强，有效推动经济社会各领域发展质量和效益的提高。到 2025 年我国虚拟现实市场消费者达到 4000 万人，虚拟现实产业产值超 1500 亿元，消费级虚拟现实内容市场达 500 亿元。注重软件内容服务质量提升，软件创收增速，实现 2025 年前软件创收、超硬件创收。企业级虚拟现实内容应用到科、教、文、卫、娱乐、办公等方面，"虚拟现实+"行业蓬勃发展。"虚拟现实+教育"覆盖 K12 和教学软件领域，超过 3000 所学校使用虚拟现实技术开设虚拟课堂、创办虚拟实验室等；"虚拟现实+医疗"应用到条件允许的三甲医院的临床医学、远程医疗、教学培养等领域；"虚拟现实+商贸"覆盖网络购物平台，形成"虚拟现实+O2O①+社交"的新型商业模式；"虚拟现实+文化"达到国际领先水平，创造出更多具有中国影响力的影视作品；"虚拟现实+制造"用于提升工作效率，并将有 60%的中国大中型企业为员工部署虚拟现实/增强现实硬件。

（三）数字内容生产和创新设计软件

在工业设计的各个领域、各个阶段，开发出具有自主知识产权、通用性、开放性强、稳定可靠、界面友好的工业设计软件；各类工业设计软件使用手册完备，开发社区成熟，培养 20 万名专业开发和使用人员，形成成熟的生态体系；自主研发的工业设计软件基本功能成熟，能够对客户进行定制化开发，打破国外相关软件的垄断地位，在航空航天、轨道交通、电子、汽车机械、能源等领域广泛应用国产工业设计软件；在工业设计软件的 CAD/CAE/CAM（computer aided design /computer aided engineering / computer aided manufacturing，计算机辅助设计/计算机辅助工程/计算机辅助制造）领域，国产软件使用率占国内市场的 50%。

研发引擎软件，使其适用于制作具有中国文化特色的动漫游戏产品，支持跨平台开发，兼容主流游戏设备，建立成熟的开发社区；引擎架构高效灵活，不仅能够快速完成信息交互，还能够适应多种类型游戏的开发任务；实现自动生成或补全画面内容的功能，动漫游戏制作效率提升 30%。

建立规范、统一的文化资源数字化采集标准；成立跨部门、跨区域、跨行业的数字内容资源大数据平台和共享平台，涵盖全国范围内的文化艺术品，并实现对数字化内容进行高效智能检索的功能；增强数字化质量，提高文化资源数字化效率，降低数字化成本，高清文物影像超过 100 万件，超高清文物影像超过 50 万件；立体视觉技术取得突破，将数字化展示由单一图片形式转变为满足沉浸式体验的媒体形式，提升观赏性与趣味性，线上游客人数达到 1 亿人次/年。

数字内容智能生成技术形成工程化和产业化能力，形成各具特色的智能设计

---

① O2O 即 online to offline，指将线下的商务机会与互联网结合。

平台;语言学习、强化学习、迁移学习、深度学习等人工智能技术取得突破,能够生成多视角、沉浸式、超高清、强互动的新型数字内容;生成的数字内容质量高,具有艺术价值;满足多媒体内容知识化加工处理的要求,具有商业价值;自动生成的艺术作品占发行量的30%,至少开通一个内容自动生成的频道;广泛应用于文教娱乐领域。

建立更为完整有效的数字内容版权保护体系,实现对多视角、沉浸式、超高清、强互动等新型数字内容的有效版权保护;区块链、数字存储、网络通信等关键技术取得突破,大范围普及能够自动识别侵权行为的全新数字内容交易平台,数字内容侵权行为减少90%;实现对草根创作艺术品的有效保护,维权成本降低80%,激发全民创作的积极性,提高全民版权意识。

二、数字内容创新发展目标

(一)数字文化内容创作

到2025年,我国数字文化内容创新能力和质量不断提升,数字文化内容供给结构不断优化、供给效率不断提高,数字文化消费更加活跃,成为扩大文化消费的主力军。培育若干社会效益和经济效益突出、具有较强创新能力和核心竞争力的数字文化领军企业,以及一批各具特色的创新型中小微数字文化企业。动漫、游戏、短视频、网络文学、数字艺术展示等重点领域实力明显增强,数字内容海外输出和影响力明显增强。数字文化产业生态体系更加完善,产业支撑平台更加成熟,市场秩序更加有序,政策保障体系更加完备。形成导向正确、技术先进、消费活跃、效益良好的数字文化产业发展格局,数字文化内容创作总体水平处于国际领先地位。

(二)智能内容生产平台

到2025年,实现新一代人工智能技术、5G技术、云计算技术和大数据技术与数字文化内容的深度融合,基本形成覆盖重点领域和关键环节的人工智能内容创新体系。面向新闻媒体、创意设计、网络广告、动漫游戏、网络视频、数字教育等领域建成若干目标明确、重点突出、协同攻关的智能内容生产创新基地,建成50家左右特色鲜明、示范性强、管理规范、配套完善的智能内容生产示范基地,100家左右拥有知名品牌、引领行业发展、竞争力强的智能内容生产型领军企业,使智能内容生产成为数字文化内容高质量发展的重要引擎。

（三）文化资源转换

到 2025 年，中华优秀传统文化传承发展体系基本形成，较好实现优秀传统文化资源的创造性转化和创新性发展。形成较好的授权经营、知识产权保护等规则规范；树立一批具有示范性、带动性和影响力的融合型文化产品和品牌；培养一批高素质人才，培育一批具有核心竞争力的文博单位和骨干企业。具有中国特色、中国风格、中国气派的文化产品更加丰富，文化自觉和文化自信显著增强，国家文化软实力的根基更为坚实，中华文化的国际影响力明显提升。

三、创新设计发展目标

（一）制造业创新设计

到 2025 年，实现制造业短板领域设计问题有效改善，工业设计基础研究体系逐步完备，公共服务能力大幅提升，人才培养模式创新发展的目标。在高档数控机床、工业机器人、汽车、电力装备、石化装备、重型机械等行业，以及节能环保、人工智能等领域实现原创设计突破。在系统设计、人工智能设计、生态设计等方面形成一批行业、国家标准，开发出一批面向重点领域的设计工具。高水平建设国家工业设计研究院，提高工业设计基础研究能力和公共服务水平。创建 10 个左右以设计服务为特色的服务型制造示范城市，发展壮大 200 家以上国家级工业设计中心，打造设计创新骨干力量，引领工业设计发展趋势。推广工业设计"新工科"教育模式，创新设计人才培养方式，创建 100 个左右制造业设计培训基地。

（二）服务业创新设计

到 2025 年，服务业创新设计取得重大进展，支撑经济发展、民生改善、社会进步、竞争力提升的功能显著增强，人民满意度明显提高，由服务业大国向服务业创新设计强国迈进的基础更加坚实。服务业研发投入和创新成果持续较快增长，科技进步对服务业发展的支撑作用明显增强。产业融合持续深化，新服务模式和业态蓬勃发展。服务业信息化水平大幅提高，数字服务、数字贸易快速发展。逐步形成若干具有全球影响力的服务经济中心城市，形成一批具有较强国际竞争力的跨国企业和知名品牌，培育一批细分市场领军企业，服务贸易竞争力明显提高，高附加值服务出口占比持续提升、国际收支状况明显改善。

（三）人居环境创新设计

到 2025 年，稳步推进人居环境领域自主创新，建立包括创新投入、知识产权保护、创新成果转移转化和人才激励机制等在内的具有行业特色的自主创新体系，实现城乡人居环境"整洁、舒适、安全、美丽"目标。按照"适用、经济、绿色、美观"的建筑方针，突出建筑使用功能及节能、节水、节地、节材和环保要求，提供功能适用、经济合理、安全可靠、技术先进、环境协调的建筑设计产品。推进人居环境设计与新一代信息技术深度融合，大力提升人居环境设计的数字化、网络化和智能化设计水平，实现提质增效和业态创新。拓展业务范围，提升综合服务能力，创作出一批水平高、质量优、效益好的优秀工程项目，培育一批具有国际竞争力的人居环境工程顾问咨询公司和工程公司。

第二节 数字创意产业重点发展方向

一、数字创意技术装备发展方向

（一）超高清视频技术装备

1. 突破 4K/8K 摄像机关键技术，摆脱超高清高端摄像机依赖进口窘境

当前，以 4K 为代表的超高清视频产业将进入快速发展期，而 4K 超高清摄像机是首位的制高点。我国的摄像机工业要在高端摄录应用上研发具有自主知识产权的高新技术和过硬产品，以支撑在工业、医疗、教育和军事等方面的应用。

国家相关部门应面向 4K 和 8K 的应用，从摄像机工业的整个产业链给予整体评估和规划，并在关键的器件包括精密光学镜头、大规模 CMOS 图像传感器、4K/8K 高速处理芯片、编解码芯片及高密度高精度集成制造技术设立专项，并给予政策和资金方面的支持。

对于已有研发和制造基础的企业，通过国家专项和融资整合来联合攻关，从而形成以企业为主导的面向高端产品的可持续发展的产业格局，弥补高端摄像机工业的短板。

通过高端摄像机的开发和制造，培养出一批跨行业的专业人才和可拓展的制造基础，从而在多个横向领域中扩大应用和提高水平；鼓励国内应用部门在产业初级阶段给予积极的支持和推广。

2. 提升 4K/8K 电视机技术竞争力，推动国产终端产业由中低端市场向中高端市场转型升级

超高清时代，各厂家首先需要从顶层规划开始重新设计产品发展路径，重点面向大尺寸产品。针对 4K 重点推广 65 寸和 75 寸电视，面向 8K 重点推广 85 寸以上产品。与整机产品配套，针对 LCD（liquid crystal display，液晶显示）应发挥我国 10.5 代线和 11 代线优势，主打 65 寸和 75 寸屏幕生产；针对 OLED 屏利用 8.5 代线，生产 55 寸和 65 寸屏。

在确定大尺寸路线的基础上，各厂家还应提升中高端产品市场占比，重点面向主流电视市场，中端产品要全面符合中国 HDR 标准要求，面向 LCD 中端产品应满足两个要求，即 0.01~1000 尼特亮度及宽色域，高端产品在保证其他指标的前提下，最高亮度应达到 2000 尼特以上。各档产品必须支持智能电视平台，具备人工智能智能画质增强及三维声的功能。

联合整机、芯片、显示屏、量子膜等上下游产业的协同配合，重点攻关动态区域背光、宽色域、智能画质增强、三维声等各项关键技术，做好 Mini LED、Micro LED 等下一代显示技术的储备工作，尽快建立国内超高清标准和质量认证体系，引导产业持续健康发展。

3. 丰富超高清内容与应用，拓展超高清技术在各垂直行业的应用

推进广播电视与新媒体一体化发展，加快超高清广播电视制播体系升级改造，不断提升 4K/8K 超高清电视制作能力和水平，为高品质家庭影院提供丰富的超高清内容支撑。打造超高清电视内容制作生产基地，鼓励社会机构加大超高清内容生产力度，拓展超高清技术应用市场。加大超高清在各垂直行业的应用力度，在文教娱乐、医疗健康、安防监控、交通管控、工业制造等领域推广具备质量保证、超低延时的超高清应用，建立一批超高清视频技术试点应用，形成示范效应后"以点带面"向全行业辐射，带动超高清产业与其他交叉行业的融合发展。

（二）虚拟现实/增强现实技术装备

1. 攻克虚拟现实/增强现实关键核心技术

"十四五"期间，我国需在虚拟现实/增强现实动态环境建模、显示、传感、交互等重点环节开展专项研究，面向近眼显示、实时三维图形生成、多元数据处理、配准建模、实时动作捕捉、实时定位跟踪、快速渲染处理等关键技术加大研发力度，形成一批具有自主知识产权的虚拟现实/增强现实终端产品，降低 CPU（central processing unit，中央处理器）、GPU、微显示器、图像、声音、动作捕捉传感器等关键核心器件，感知交互设备，内容采集制作设备及整机设备等的生产成本，拉动产业整体发展。

2. 丰富虚拟现实/增强现实内容与应用

目前虚拟现实/增强现实产业发展的一个主要瓶颈是内容不足。打造完整的虚拟现实/增强现实市场生态系统，需要重点从生产平台、软件开发、内容服务等方面入手，为市场提供更多优质资源，引导用户实现对于虚拟现实/增强现实内容的持续性消费。我国需结合云计算技术构建规模化虚拟现实/增强现实内容生产平台，并在三维开发引擎、虚拟现实/增强现实内容制作软件，以及感知交互、渲染处理等开发工具软件中有所突破，提升虚拟现实/增强现实内容制作的效率和质量。同时，应大力发展面向教育、医疗、电子商务、工业制造等重点行业领域的虚拟现实/增强现实应用研发设计，增加垂直行业的虚拟现实内容与应用。

3. 建立我国虚拟现实/增强现实标准规范体系

目前虚拟现实的标准体系不健全，虚拟现实技术、产品和系统评价指标未达成一致意见，业界仍缺乏统一的体验质量（quality of experience，QoE）评价标准，硬件、系统、内容之间的兼容性、适配性有待提升。我国应在虚拟现实/增强现实硬件、虚拟现实/增强现实软件、虚拟现实/增强现实内容等标准制定方面加大力度，积极引导相关企业、高等院校、科研机构参与标准制定，实现不同硬件、不同系统、不同应用软件、不同品牌产品之间的互联互通，完美适配，并推动我国虚拟现实/增强现实标准国际化过程。同时，构建涵盖虚拟现实技术指标、产品性能、内容服务等方面的系统评价体系，成立专门机构组织开展对市场主流虚拟现实产品的标准符合性测试，并发布质量评价报告。

（三）广播电视5G融合网络

广播电视网络多采用高功率、高塔发射的地面数字电视技术，覆盖面积大，单向广播能力强，但是回传能力有限。我国目前快速发展的5G移动通信网络具有高带宽、低时延的特点，适用于超高清视频、虚拟现实等新型数字创意应用。广播电视网络与5G移动通信网络融合发展，除了使用户在移动端和有线电视端无缝收看传统广播电视节目及进行传统移动通信外，还支持新型的具备交互功能或个性化特性的数字创意内容传播。另外，广播电视5G融合网络，使得网络服务商可以基于数字内容的形式和要求、内容接收人群的人数及特点等来优化数字内容的传输方式和途径，这将为数字内容的多样化传播提供网络技术支持。

"十四五"期间，我国应加快建设广播电视5G网络，全面推进相关技术（特别是 IPv6^①）在广播电视网络中的部署应用，与 5G 移动通信网融合演进。加快有线电视网络与融合媒体、5G 移动网等新兴业态和传播渠道的相互融通，推动广播通信协同、有线无线融合、大屏小屏互动，优化数字创意内容的传播方式。满足用户对跨屏、跨域、跨网、跨终端的收视和信息需求，实现广播电视人人通、移动通、终端通，为数字创意内容传播提供多样化、智能化的网络支撑。

（四）数字内容生产和创新设计软件

（1）攻克数字内容生产软件核心技术。在高端数字内容生产软件上，如高端校色工具（如 DaVinci Resolve Studio）、高端三维建模软件（如 3ds Max）及动漫游戏引擎软件（如 Unity）等，我国目前使用的大多是国外软件。为了避免受制于人，我国在"十四五"期间需要基于国内的开发团队研发出具有自主知识产权的可替代国外相关产品的高端软件。

（2）研发数字内容智能生产软件。"十四五"期间，我国需引入基于人工智能和云计算的数字内容自动生产软件，同时研发人与机器协同生产数字内容的软件技术。力争能够生成多视角、沉浸式、超高清、强互动的新型数字内容；生成的数字内容质量高，具有艺术价值；满足多媒体内容知识化加工处理的要求，具有商业价值；自动生成的艺术作品、数字内容等广泛应用于文教娱乐领域。

（3）建立规范统一的文化资源数字化采集、处理、检索标准与平台，提高文化资源数字化质量与效率。成立跨部门、跨区域、跨行业的数字内容资源大数据平台和共享平台，涵盖全国范围内的文化艺术品。特别地，针对我国的世界文化遗产、国家级非物质文化遗产、国家级博物馆，我国需在"十四五"期间实现其数字化。同时，在文化资源数字化处理过程中，提高文化资源数字化质量效率，降低数字化成本。另外，在立体视觉技术上取得突破，将文化资源数字化展示形式由单一图片形式转变为沉浸式体验的媒体形式，提升观赏性与趣味性。最后，我国需实现对文化资源数字内容统一、高效、智能的检索功能。

（4）设计软件取得突破。在创新设计的各个领域、各个阶段，开发出具有自主知识产权、通用性、开放性强、稳定可靠、界面友好的设计软件。其中针对基础设计软件，如 AutoCAD，Pro/Engineer 等，我们需要开发出具有完全自主知识产权的可替代国外相应产品的软件产品。另外，在航空航天、轨道交通、电子信息、汽车机械、能源等专业领域使用的专业设计软件，我们需要解决"卡脖子"的问题，我们需要研发出至少满足基本功能的具有完全自主知识产权的国内产品。各类设计软件使用手册完备，开发社区成熟，并培养相关专业开发和使用人员，

---

① IPv6 即 Internet protocol version 6，中文含义为互联网协议第六版。

形成成熟的生态体系。

（五）人工智能在数字创意中的应用

（1）建立媒体行业"人工智能+云"平台。随着人工智能技术的成熟，基于人工智能的内容创意、生产和传播将成为数字创意领域的重要应用。人工智能技术的推广需要解决算力、算法和数据集三方面要素。目前，一些云服务商已有支撑媒体内容生产的"人工智能+云"服务初步应用，下一步要在"十四五"期间加大研发力度，依托于云平台的强大算力，重构内容生产在采、编、播、存、管全链条中的各个环节的实现方法，充分引入智能化服务能力，结合适合数字创意的内容数据集和媒体专有人工智能算法构建人工智能应用平台，形成关键领域的技术突破，加速营造智能化媒体生态环境。

（2）构建智能内容标签体系。目前媒体内容的资源管理依然遵循传统的编目体系，耗时耗力并且资源二次利用率不高，"十四五"期间要面向移动互联网建立智能标签体系，既要继承电视编目体系的自身特点，也要充分吸纳互联网基因，重新打磨设计一套全新标签规则，这是构建媒体专有人工智能应用的前提条件。

（3）打造智能图像增强应用。尺寸大型化是 4K 和 8K 电视机发展的趋势，但是我国的内容产业目前仍处于标清、高清和超高清混合的状态，大量的标清和高清内容如果在 65 寸以上的大屏上显示，画面颗粒感会变得尤其明显，使画质劣化更加突出。

基于人工智能的画质增强技术已经开始展现其超越传统图像增强技术的能力，通过大量画面进行深度学习训练，可以显著弥补图像质量的缺陷。"十四五"期间应进一步加大基于人工智能的图像增强技术算法和支撑芯片的研发力度，实现低质量图像在分辨率、亮度、色域、帧率等关键指标方面的全要素增强。面向内容生产，可采用实时或非实时增强，使得历史标清、高清素材能够用于 4K/8K 混合制作；而面向终端显示则应更侧重于实时增强，完成标清、高清输入内容在 4K、8K 屏幕上的跨代高质量显示。

（六）区块链技术在数字创意中的应用

建立基于区块链的各类数字内容全流程可信记录系统。区块链是一个分布式的状态数据库，它同步链接的是所有网络节点，能够实现去中心化，实现个体之间的全程可记录的可信交易。通过记录数字内容的生产、传输、交易等过程，能够对版权实行登记、溯源及鉴别真伪。"十四五"期间，我国需在数字内容识别信息的提取和自动验证、数字内容的版权溯源和交易及针对大众数字创意内容的海量识别信息的可信存储和访问等技术上取得突破，建立基于区块链的各类数字内容的全流程可信记录系统，推动数字创意产业内容生态的健康发展。

在现有数字内容领域，数字内容生产者一般需要借助可信的期刊、出版社、内容平台等中间机构将数字内容最终传递给消费者，导致内容创作的很大一部分收益被中间机构收取。区块链技术具有去中心化、不可篡改的特点，可以让双方在没有第三方机构介入的情况下完成可信交易，因此创造了一个内容生产者与消费者之间的直接可信交易机制，这将给数字内容的生产、传播及其消费方式带来颠覆式变化。具体而言，"十四五"期间，我国应重点研究基于区块链的数字内容生产、消费、分发技术与平台，提高内容生产者的创作收益，从而鼓励更多人从事高质量内容创作。同时，我国需研究基于区块链技术的协同创作技术与机制，达到不同创作者合作时可以量化贡献与收益的目的。另外，我国需研究基于去中心化信任和智能合约等区块链技术的数字内容消费及交易的技术与平台，实现数字内容的公平、透明、安全、可信的消费及交易。

二、数字内容创新发展方向

（一）数字文化内容创作

不断推动数字文化内容创作水平，推动数字内容产业成为繁荣文化产业、发展数字经济、扩大内需的强力引擎，不断提升人民群众精神文化生活和信息消费的获得感、幸福感。

持续加强 4K 超高清电视节目制作能力建设。随着 5G 时代的逐步到来，超高清视频内容创作将成为重要的方向。应加快推进 4K、8K 超高清电视内容建设，支持体育赛事、纪录片、影视剧、文化科技等超高清电视节目制作，创新内容生产，丰富超高清电视节目有效供给。

创作生产优质动漫产品，运用信息技术手段和各种新兴媒体，创新表现形式、拓展传播渠道，发展基于互联网和移动智能终端的动漫传播运营，积极开拓动漫表情等动漫新业态。推动动漫产业提质升级。改善游戏产品同质化、低俗化现象，培育国产原创游戏品牌产品、团队和企业。推动游戏产业健康发展，通过虚拟现实等技术打造全新互动游戏视觉与交互体验，将成为未来游戏内容创作的重要方向。提高网络音乐、网络文学、网络表演、网络剧（节）目等网络文化产品的原创能力和文化品位，可促进电竞赛事、电竞直播等新模式健康有序发展。

推动虚拟现实视频点播、演唱会、体育赛事、新闻事件直播等服务，打造虚拟电影院、虚拟音乐厅，提供多感官体验模式，提升用户体验。建设虚拟现实主题乐园、虚拟现实行业体验馆等，创新文化传播方式，满足人民群众文化消费升级需求。推动虚拟现实在文物古迹复原、文物和艺术品展示、雕塑和立体绘画等文化艺术领域的应用,创新艺术创作和表现形式。

短视频内容精品化发展。在短视频领域,内容不断升级,品质也逐步朝着更有深度的方向发展,未来短视频行业的产业链将逐步成熟。随着人工智能等技术的不断发展,这类技术也将逐步应用到短视频产业链的各个环节,在用户体验上增加更多增强现实/虚拟现实特效,在商业变现上实现程序化购买等功能。

(二)数字内容生产平台

飞速发展的人工智能技术已经开始应用于内容生产环节,内容生产模式将形成 PGC、UGC 和 AIGC(artificial intelligence generated content,人工智能生成内容)并存的局面。中央广播电视总台制定"5G+4K/8K+AI"战略布局,开始建设"人工智能编辑部",对总台独有的时政报道资源和优质视频资源进行智能化创新开发,致力成为中国主流媒体中大规模的视听内容人工智能处理加工平台和面向行业输出人工智能工具库技术服务的赋能平台。人民日报的"智慧媒体研究院"和新华社的"媒体大脑"等,也都在智能内容生产和传播方面进行了前期的探索。应综合运用智能内容生成、内容增强和风格迁移等新一代人工智能技术,结合 5G 技术、云计算技术和大数据技术,加快建设面向新闻报道、平面设计、短视频、多媒体、艺术创作等领域各具特色的智能内容生产平台。探索将人工智能运用于内容采集、生产、分发、接收和反馈中,形成高度化定制、精准化生产、智能化推送的全方位服务,同时全面提高舆论引导能力,服务于正面宣传。

(三)文化资源转换

对艺术品、文物、非物质文化遗产等文化资源进行数字化转化和开发,实现优秀传统文化资源的创造性转化和创新性发展。依托地方特色文化,开发具有鲜明区域特点和民族特色的数字文化产品。加强现代设计与传统工艺对接,促进融合创新。依托文化文物单位馆藏文化资源开发数字文化产品,提高博物馆、图书馆、美术馆、文化馆等文化场馆的数字化智能化水平,创新交互体验应用,带动公共文化资源和数字技术融合发展。

构建文化大数据应用生态体系,加强文化大数据公共服务支撑。面向社会开放文化大数据,鼓励公民、法人和其他组织依法开发利用,将中华文化元素和标识融入内容创作生产、创意设计及国土空间规划、生态文明建设、制造强国建设、网络强国建设和数字中国建设中,让文化遗产"活起来"。

三、创新设计发展方向

（一）制造业创新设计

智能产品创新设计。随着技术升级、关联基础设施完善和应用服务市场的不断成熟，智能硬件的产品形态从智能手机延伸到智能可穿戴、智能家居、智能车载、医疗健康、智能无人系统等领域，成为新一代信息技术与传统产业融合的交会点。智能产品创新设计将系统集成新一代人工智能、物联网、传感器、大数据和云计算等技术，以智能传感互联、人机交互、新型显示及大数据处理为特征，形成以新设计、新材料、新工艺为载体的新型智能终端产品及服务。当前全球数字经济迅猛发展，正是智能产品创新的新时期，需要加大对智能家居、可穿戴设备、智能医疗、智能交通等领域的创新设计力度，涵盖智能产品创新、个性化定制、产品全生命周期管理、设计智能化、群体协同设计等内容。

智能设计、系统设计和生态设计技术。积极推进智能设计、系统设计与系统仿真技术研发，有效带动原始创新。支持节能清洁能源产品设备的设计，提升余热回收装备、终端用能设备、太阳能利用装置的设计水平。发展绿色低碳经济，鼓励开展废弃物回收利用，通过设计创新提升废弃物加工转化设备的效能。推进绿色包装材料、包装回收利用体系设计。

开发先进适用的设计软件。顺应网络协同设计趋势，积极推进工业技术软件化。推进人工智能设计软件、三维几何建模引擎等研发设计软件关键核心技术攻关。布局基本求解算法库、标准零部件库、行业基础数据库和知识库，促进源代码资源开发共享，降低企业研发成本。

（二）服务业创新设计

实施高技术服务业、知识密集型服务业创新发展工程，提升信息、生物、检验检测等重点领域基础和核心技术创新能力，大力促进科技研发成果转化应用。

鼓励发展信息资讯、商品交易、物流运输等领域平台经济，交通出行、房屋住宿、专业技能、生活服务等领域分享经济，生产制造、休闲娱乐、旅游购物、医疗保健等领域体验经济，以及其他各类服务新形态。促进区块链技术应用和分布式服务模式发展。

推进服务业与互联网、物联网协同发展、融合发展，培育协同制造、个性化定制、工业云、农业信息化等服务，发展基于人工智能和互联网的教育、健康、养老、旅游、文化、物流等服务，积极依托物联网拓展服务领域、丰富服务内容。丰富移动智能终端、可穿戴设备等服务内容及形态。

鼓励开发富有文化内涵的服务,打造富有诚信和社会责任感的企业,倡导做爱岗敬业、富有爱心和人文关怀的员工,建设富有文化价值的品牌。

(三)人居环境创新设计

智能化成为人居环境创新设计的重要切入点。工程勘察设计企业,尤其是勘察类、交通设计类企业,掌握了丰富的工程基础数据,成为设计企业向智慧城市领域探索的重要筹码。设计企业通过建立基础设施大数据库实现数据集成,并充分利用人工智能技术,建立智能化的工程设计及优化工程咨询服务。

加强跨界资源整合。新兴市场更加关注的是一体化、集成化的服务能力,所需的资源能力仅依靠设计企业自主培养难以获取或短期内难有突破,在产业融合加剧的背景下,跨界资源整合成为顺其自然的事情。一方面,设计企业基于自身禀赋,通过并购重组或战略联盟与行业外企业深度联合,补充资源能力短板;另一方面,引进专业技术、人才或资质等关键要素,在此基础上打造自身新业务团队力量。

由工程建设转向后端运营管理。城市发展要求统筹规划、设计、管理三大环节,尤其是面对城市更新带来的既有市场需求,设计企业想要深度融入,更加需要关注工程建设产业链外的运营管理需求。设计企业借助信息化技术,引入场景搭建信息管理平台,通过场景之间的关联构建商业大生态系统,成为企业新的价值创造切入点。中国的城市建设经过多年的大拆大建模式之后,设计行业面临着从增量市场到存量市场的创新探索之路。工程建设组织模式的创新推进,使市场的集成化、一体化的需求进一步加强,也促使设计企业打通产业链服务链条,提升服务价值。

建设产业特色鲜明的特色小镇,立足一定资源禀赋或产业基础,集聚高端要素和特色产业,兼具特色文化、特色生态和特色建筑等鲜明魅力,打造高效创业圈、宜居生活圈、繁荣商业圈、美丽生态圈,形成产业特而强、功能聚而合、形态小而美、机制新而活的创新创业平台。

第六章 面向 2035 的数字创意产业发展路线图

第一节 面向 2035 的信息环境及数字创意前景

一、信息环境

1. 万物互联

在 2035 年，5G 移动通信网络将全面普及，物联网、车联网都将全面实现，万物互联成为可能。当前的通信网络主要集中在人与人之间的通信。在 2035 年的万物互联环境下，车、路灯、电表、快递、雨伞、洗衣机、冰箱、门锁、玩具、烤箱、手表、鞋等众多生活物品都可以接入 5G 通信网络或者有线网络中，从而使得人与物、物与物都可以实现无障碍通信。万物互联使得众多生活物品越来越智能，为智慧家庭、智慧生活、智慧城市等提供基础信息通信支撑，实现跨行业的融合生态，赋能各行各业，提升全社会数字化水平，成为智慧社会的重要基础设施。

2. 获取信息无障碍

在 2035 年，核心网络可以实现全光纤覆盖，光纤入户（fibber to the home，FTTH）全面实现，保证有线端通信速率达到 Gbps[1]甚至 Tbps[2]数量级；5G 移动通信网络全面普及，保证移动端通信速率达到 Gbps 数量级。因此，用户拥有足够的通信带宽。同时，用户也可以有足够的路径（如 5G 和光纤通信）来获取信

---

① Gbps 也称交换带宽，是衡量交换机总的数据交换能力的单位。

② Tbps 即 terabytes per second，代表 1012 字节/秒。

息。因此，在 2035 年，信息的网络通信没有任何障碍。同时，随着人工智能技术、人脑神经网络、传感器技术的深入研究，残疾人、有特殊需求的健全人等可以有效接收网络上的任何信息。另外，主动获取和被动推送是并行的。信息服务商基于人工智能及大数据技术可以精准预测用户在何时需要何种数据，提前推送到用户端，从而实现几乎零时延的信息获取。

3. 信息处理无障碍

在 2035 年，随着硬件的不断升级，存储容量及芯片处理速度极大提升。同时，信息处理芯片及设备功耗越来越低，体积越来越小，成本越来越低，高性能芯片可以大规模低成本生产及普及。因此，硬件设备可以对信息进行无障碍地存储和处理。另外，随着云计算和边缘计算的成熟，信息处理既可以放在云端也可以放在边缘端，还可以在云端和边缘端协同处理计算。因此，在 2035 年，信息处理没有任何障碍。

4. 信息安全可靠

在 2035 年，随着信息安全技术的发展（包括操作系统、计算机软硬件等安全漏洞的不断发现和修补）及量子加密等新型技术的发展，人与物的连接认证，信息存储与传输等都能保证安全。在 2035 年，设备、机器等连接到网络上都能保证身份认证安全可靠。同时，信息存储安全随着软硬件的升级可以得到保障。另外，信息通信安全在新的技术与协议下可以得到保证。这为万物互联的信息传输提供了重要安全保障。

5. 智能机器人广泛普及

在 2035 年，各类机器人将广泛普及，包括家政机器人、教育机器人、个人助理机器人及工业制造机器人等，这为全社会解放劳动力、提高生产力提供了有力支撑。另外，机器人不再是一个集成所有软硬件的物理实体，2035 年的机器人的很多计算都放在云端，而机器人本身只是一个前端执行体。这将极大减少机器人的设计复杂度，从而增加机器人的生产制造效率。另外，机器人将赋予人工智能情感，对人的服务将更贴心。机器人在个人的精神呵护、性格培养、精神问题预防及治疗上将有很大的发展空间。

二、数字创意前景

1. 信息娱乐消费文化全球泛化

在 2035 年，在万物互联及获取信息无障碍的背景下，全球娱乐消费文化将不断趋同泛化。全人类都将受相同主流文化的影响，包括游戏、动漫、文学、影视、电竞、音乐等娱乐消费方式。所有不同文化将不断融合发展。

2. 信息娱乐消费场景泛化

目前的信息娱乐消费场景主要集中在家庭、电影院、KTV、演唱会等特定场景中。未来虚拟现实及全息技术与设备将全面普及，虚拟体验越来越真实（包括味觉、触觉、嗅觉等），借助万物互联下信息无障碍地传输，所有信息娱乐消费场景都将全面泛化。任何人在任何地方均能进行高质量地信息娱乐消费，其沉浸式体验效果和在家庭、电影院、KTV、演唱会等特定场景中的体验效果一致。朋友之间也能在任何不同地方同时进行面对面的共享娱乐消费，如一起玩游戏、一起看电影、一起唱歌等。

3. 数字创意创作工具丰富和泛化

在 2035 年，数字创意产品的创作工具极其丰富。各类智能化设计工具可以让创作者将设计过程中的众多复杂环节交给计算机去处理，从而提高设计效率。同时，众多智能化图像、音视频处理软件可以帮助创作者对图片、音视频进行高质量高效率的处理。另外，在 2035 年，不同行业的创作平台和创作元素库都将爆发式发展和壮大，使得数字内容创作变得越来越容易。

4. 创新设计在各行各业的生产中达到深度融合

在 2035 年，信息环境的变化给创新设计带来了全新的改变，创新设计将与各行各业深度融合，提高各行各业的生产效率和质量。同时基于人工智能的内容生产和创新设计工具全面普及，用户输入简单关键词或数据就可以产生丰富的数字创意内容材料，从而实现高效创作。创作工具、创作平台和创作元素库的爆发式增长使得全民创新成为可能。

5. 中国元素全球化

在 2035 年，"一带一路"建设取得丰硕成果，中国与世界的沟通越来越紧密，这为中国元素全球化提供了广泛的传播途径。同时，中华文明在 5000 年的发展中，一直保持兼容并蓄的姿态，不断与各种文明碰撞融合，保持了旺盛的生命力，中国文化元素库非常丰富，这为具有中国文化特色的数字内容创作提供了丰富的素材。另外，在 2035 年，中国的信息技术达到世界领先，在信息传播的业态上引领创新。在信息消费领域中，中国成为各类信息和优质内容的供应主体。因此，在这些内外部条件的作用下，中国元素将实现全球化。

总体而言，在 2035 年，数字创意产业将形成五大体系，包括创新设计体系、

数字内容生产体系、数字内容传播体系、数字服务融合体系及超感知技术体系，
如图 6.1 所示。

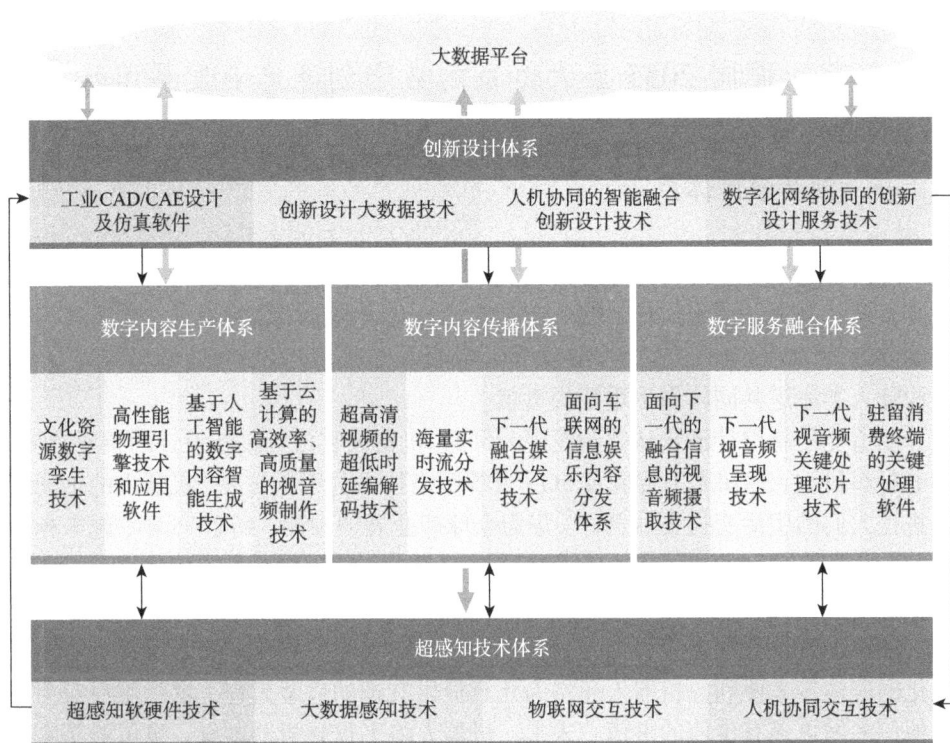

大数据平台

创新设计体系

| 工业CAD/CAE设计及仿真软件 | 创新设计大数据技术 | 人机协同的智能融合创新设计技术 | 数字化网络协同的创新设计服务技术 |

数字内容生产体系

| 文化资源数字孪生技术 | 高性能物理引擎技术和应用软件 | 基于人工智能的数字内容智能生成技术 | 基于云计算的高效率、高质量的视音频制作技术 |

数字内容传播体系

| 超高清视频的超低时延编解码技术 | 海量实时流分发技术 | 下一代融合媒体分发技术 | 面向车联网的信息娱乐内容分发体系 |

数字服务融合体系

| 面向下一代的融合信息的视音频摄取技术 | 下一代视频呈现技术 | 下一代视音频关键处理芯片技术 | 驻留消费终端的关键处理软件 |

超感知技术体系

| 超感知软硬件技术 | 大数据感知技术 | 物联网交互技术 | 人机协同交互技术 |

图 6.1　面向 2035 的数字创意产业五大体系

　　创新设计体系依靠知识、数据、人的创意设计大量绿色化、智能化、全球网络化的内容、产品和装备。同时，创新设计通过整合智能、大数据、云计算、传感器等关键技术，附加产品设备感知功能和智能反馈，实现高层次的人机协同。数字内容生产体系是数字创意产业发展的基石，优质的数字文化内容，极大地满足用户的使用需求和情感体验。数字内容传播体系将数字创意内容从生产者传播到使用者，通过新型的分享传播手段，提高创意产品的认知度，并拓展消费者的人群和带动周边产品，最终提升数字文化内容的经济效益和社会效益。数字服务融合体系涉及数字内容相关产品和服务，是数字创意产品最终呈现给用户的一个关键环节。超感知技术体系涉及数字创意产业背景下人与人、人与物，以及物与物之间的各种新型沟通交互方式。在层次结构上，数字创意产品经过三个环节，即生产、传播和服务，创新设计便涉及这三个环节；超感知技术体系连接其余四大体系，使得四个体系之间实现无障碍、无摩擦反馈与交流；

大数据平台是数字创意产业相关领域的数据集合，与五大体系互通互联，为五大体系提供数据基础。

第二节　面向 2035 五大体系的数字创意产业发展路线图

一、创新设计体系

面向 2035 年，数字创意主要产业进入全球价值链中高端，培育若干数字创意一流企业，制造业创新设计、服务业创新设计、人居环境创新设计达到世界设计强国前列，形成多个具有国际影响力的创新设计之都。实现绿色协调可持续发展，为构建人类命运共同体做出重要的贡献。

制造业创新设计逐步从并跑发展为领跑。机器人将成为创新设计的重要领域，随着材料科学、感知人工智能及 5G、云等网络技术的不断发展，机器人的创新设计将让人们的生活变得更加美好。华为全球产业展望预测，到 2035 年，越来越多的家庭将拥有自己的机器人。无论是护理机器人、仿生机器人、陪伴机器人还是管家机器人，机器人都将越来越普及、越来越高级，并造福于人类社会。个人机器人还有助于扩大社会包容性，为老年人、残疾人和心理疾病患者等有可能被边缘化的群体带来便利。机器人还将为儿童提供有趣的启蒙教育，解放用户双手，让他们去做更多有价值的事情。未来，机器人将不仅是机器本身，更可能是家人和朋友。基于人工智能的创新设计软件和工具，线上线下、职业、兴趣偏好和社交情绪等不同方面的用户信息为人工智能算法提供了多维度、高质量的数据原料，使用户画像更加具象化、生动逼真，最大限度满足用户内心的真实需求。基于云端超级算力的人工智能设计平台大幅缩短了创新设计的迭代时间。新型增材制造技术或 4D 打印技术，使制造产品可以随着时间或对环境的反应改变自身的形态或功能，并将搭建数字世界到物理世界的桥梁，不断为制造业创新设计提供广阔的想象空间。

服务业创新设计迈向以用户为中心的智能定制阶段。随着人工智能技术渗入旅行、社交、餐饮等服务平台，这些服务平台正在试着将更多的用户碎片数据进行整合，在用户许可的范围内，进行信息的连接。各式各样的数据整合到一起，交织成一张以用户为中心的网络，并根据用户的喜好自动推荐他可能喜欢的朋友、明星、艺术家或是想要去的展览、音乐会等服务，让"知己"、"兴趣圈"和"喜好的生活文化服务"实时、主动地呈现给用户。全新的业态、商业模式和用户体验将会从中诞生，人们不用花费大量时间分别搜索不同服务、不同社交圈子，这些信息将会以每个人的体验需求为中心，全面考虑到人的各类偏好、时间安排和其他基本信息，提供贴心的"零搜索"服务。随着人工智能技术的发展，社会开始逐步实现无边界沟通，借助智能可穿戴设备和人工智能手语翻译设备，有听力或语言障碍的人也能参与社交活动、职场讨论和创意协作。这种包容性沟通将给创新设计发展和社会进步带来更大的推动力。

　　人居环境创新设计方面，面向 2035 年，坚持尊重自然、顺应自然、保护自然，开展生态保护与环境治理，建设新时代的人与自然和谐共生的生态文明典范城市和生态宜居美丽乡村。推广绿色低碳的生产生活方式和城市建设运营模式，坚持数字城市与现实城市同步规划、同步建设，超前布局智能基础设施，建设宽带、融合、安全、泛在的通信网络和智能多源感知体系，打造具有绿色低碳循环发展的、具有深度学习能力的、全球领先的数字智能城市。面向 2035 的创新设计体系发展路线图如图 6.2 所示。

里程碑	子里程碑	2020～2025年	2026～2035年
发展目标		制造业短板领域设计问题有效改善，重点领域实现原创设计突破；服务业创新设计取得重大进展；人居环境设计形成完善的自主创新体系	创新设计实力达到世界领先水平；形成一批国际领先的跨国企业和知名品牌；形成多个具有国际影响力的创新设计之都
重大行动	关键技术研发	高端装备制造业的关键设计技术，集成电路设计，大型计算设备设计，个人计算机及智能终端设计，人工智能时尚创意设计，虚拟现实/增强现实设备、仿真模拟系统设计等	
	产业化	推动重点领域创新设计突破，实现优势传统产业设计升级；培育各具特色的数字内容创作公司和智能设计平台；开展品牌价值提升行动，发展一批能够展示中国服务形象的品牌，发挥品牌对服务业转型升级引领作用	
重大政策		创新设计公共服务体系建设	
		创新设计知识产权保护维权	

图 6.2　面向 2035 的创新设计体系发展路线图

二、数字内容生产体系

　　面向 2035，新一代沉浸式、交流式数字文化内容不断涌现，数字内容生产体系将会体现出人机协同创新、超级感知、实时化与定制化等特点。

　　数字内容生产模式实现高质量的人机协同创新。面对呈指数级增长的文字、图像、声音、视频等海量的内容数据，新一代人工智能技术已展现出其强大的处理能力和创意能力。随着人工智能内容生产能力的大幅度提升，数字内容生产方式将从 UGC、PGC 和 AIGC 并存，逐渐过渡到人类内容创作者和人工智能高质量合作阶段，从而推动数字内容创作形式发生根本性变化。人与人之间可以跨越物理位置、语言、职业等障碍，人们可以借助工具加入沟通体系当中清晰地获取和表达意见，每个人的创意想法将与其他人进行共享，并任意动态构建创意工作群组，形成全民参与、群策群力的创意设计形态。人与物通过脑机接口等技术直接实现即时交互，人的创意想法可以便捷地注入任意的创意智能设备和工具当中，快速自动形成设计方案。从事音乐、图像、文学艺术创作的创意工作者和制作人，每天花费在基础素材挑选与积累的时间，平均占其创作时间的 65%。人工智能逐渐从素材的推荐者到创意的启发者再到人类内容创作的合作者，不仅极大地提高了数字内容创新的效率，在人机协创过程中也极大地提高了双方的创造力和想象力。同时，随着智能应用软件在创作领域遍地开花，加之人人随身都携带的智能手机，每个普通人随时随地迸发的灵感可以在人工智能的帮助下，马上形成歌曲、文章、绘画等原创内容。具有高价值的内容和艺术创作不再是少数大师或专业人士的特权，人人都是创意家，社会在"创新量产"的新鲜氛围中，不断释放发展活力。

数字内容呈现方式无限拓展人们的感知体验，即"超级视野"，5G、虚拟现实、增强现实和人工智能技术的不断融合及加速迭代，将带来数字内容新的呈现和交互体验方式，视觉、听觉、味觉、嗅觉、触觉等多感官通道的超级感知体验，将创造出更加真实的虚拟世界，不仅带给终端消费者，也带给视觉听觉障碍人群高质量的沉浸式体验。"超级视野"为人们带来全新的体验，它让人们能够以前所未有的方式看待事物，"超级视野"能跨越距离、表象和时间，为个人、企业和社会带来巨大利益。借助于新一代虚拟现实技术创建的实际自然景观和虚拟博物馆，可以让世界各地的人们不用跨越千里，而近距离地逼真体验。随着智能内容增强技术水平的不断提高，文字、图像、声音、视频或者多媒体都可以被超高清或者高质量还原，甚至可以转化为超高清的大师级作品。借助于"超级视野"，可以更好地保护历史文化遗产，让人们真正置入历史场景中。"超级视野"跨越了时间的障碍，不仅让历史文化回归现代文明的怀抱，还能给影视、游戏动漫、旅游、展览展示展演和教育产业带来新的业态及模式。

数字内容在消费形态上将走向定制化。到 2025 年，全球互联网用户数将达62 亿，因此将产生海量的数据帮助企业基于人们的兴趣、喜好和个性，提供精准的个性化创意内容。人们不需要花时间搜索感兴趣的数字内容，智能系统将会自动根据人的生活习惯或者行为提供高匹配度的数字内容。当你的孩子在上英语课时，人工智能可以通过自动识别孩子的瞳孔和面部细微反应，来判断他理解知识的程度，判断他是不是真的听懂了老师讲课的内容，并及时调整教学策略和教学内容，达到最优的学习效果，同时实时做成教学报告自动发送到你的手机上。面向 2035 的数字内容生产体系发展路线图如图 6.3 所示。

里程碑	子里程碑	2020~2025年	2026~2035年
发展目标		数字文化内容创新能力不断提升，数字文化内容供给结构不断优化；实现优秀传统文化资源的创造性转化和创新性发展；基本形成覆盖重点领域和关键环节的智能内容创新体系	新一代沉浸式、交流式文化内容不断涌现，智能化内容生产实现高层次的个性化定制，文化资源得以充分地创造性转化和发展，消费体验极大丰富
重大行动	关键技术研发	跨媒体技术、多通道超级感知技术、设计智能技术、面向数字创意内容的软件工具	
	产业化	培育各具特色的数字内容创作公司和智能设计平台	
重大政策		制定智能内容生产技术标准	
		制订针对智能内容生产的国家重大科技研究计划	

图 6.3　面向 2035 的数字内容生产体系发展路线图

三、数字内容传播体系

2035 年数字内容传播体系将会体现出沉浸式、智能化、互动化、定向化等特点，能够把信息获取的手段和用户体验提升到全新的高度。面向内容前端，建立起跨越广播网、互联网、物联网的，基于固网和移动网的融合平台，构建出覆盖内容制作、传输、分发的传播体系，有效支撑数字内容的生产传播。通过内容提供者和终端用户间无障碍沟通通道，传播体系能够实现"随需而变"的智能传播服务模式，为用户参与内容生产与传播提供途径，并立足传媒产业与关联行业进行联动，推动衍生产品的发展。

面向用户内容消费能够提供"量身定制"的个性化服务。针对家庭使用场景，重点打造面向用户高端体验的家庭交互信息消费中心，使观众足不出户即可享受智能式、互动式、沉浸式服务。面向移动场景融合应用广播网、移动通信网等多种网络渠道，建立基于无线传输技术的移动媒体平台，保证用户能在任意时间、任意地点、任意设备享受极致的服务。传播体系实现陆地、海洋、天空全面立体覆盖，火车、飞机、轮船等特定场景下也可实现内容获取无障碍。面向 2035 的数字内容传播体系发展路线图如图 6.4 所示。

里程碑	子里程碑	2020～2025年	2026～2035年
发展目标		基本实现5G移动通信网络，基本普及光纤到户，掌握超低时延视频传输技术，全面提高数字内容分发精准度和效率	全面实现万物互联，全面实现信息获取无障碍，全面实现数字内容在有线无线端传播速率达到1Gbps，全面实现数字内容的精准分发
重大行动	关键技术研发	加快5G通信技术的研发和普及，研究超低时延频编解码技术、综合广播宽带技术，开发数字内容下一代定向推荐算法	
	产业化	培育基于5G新场景的数字内容传播公司	
重大政策		制定综合广播宽带技术标准	
		制订针对数字内容分发技术的国家重大科技研究计划	

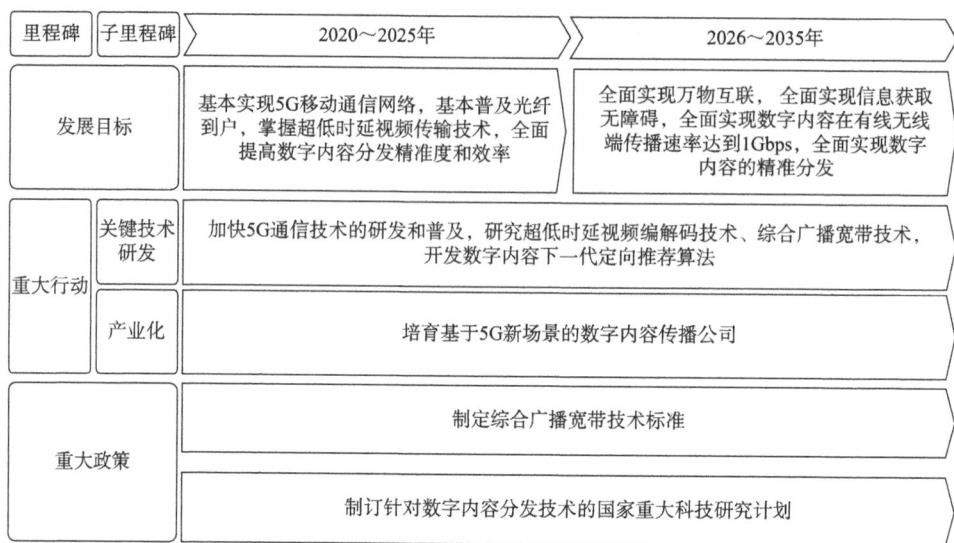

图 6.4　面向 2035 的数字内容传播体系发展路线图

四、数字服务融合体系

数字服务融合体系包括四方面的关键技术：面向下一代的融合信息的视音频摄取技术、下一代视音频呈现技术、下一代视音频关键处理芯片技术和驻留消费终端的关键处理软件。面向下一代的融合信息的视音频摄取技术包括多摄像头融合技术、异构图像融合技术、全景图像摄取技术、光场图像摄取技术等。下一代视音频呈现技术包括虚拟现实呈现、混合现实呈现、裸眼 3D 和全息显示技术。虚拟现实通过将虚拟信息加在真实环境中，来增强真实环境的氛围。下一代视音频关键处理芯片技术包括智能画质增强处理芯片、智能声音增强芯片、虚拟现实/增强现实/混合现实一体化处理芯片和动态融合信息的处理芯片。驻留消费终端的关键处理软件包括 Chat BOT（聊天机器人）技术、图像增强技术、人机交互技术和感知技术。

面向 2035 的数字服务融合体系将可以让人真实极致地体验视音频的信息内容，体验真实世界和虚拟世界混合的生活，以及享受基于全息影像和丰富感知的沉浸式体验。它让人们能够以前所未有的方式看待事物，并能带动各个垂直行业的革新。该体系能够打破空间和时间的约束，建立表象与本质的关联，实现任意时间、任意地点、任意对象的逼真场景还原，为个人、企业和社会带来巨大利益。面向 2035 数字服务融合体系发展路线图如图 6.5 所示。

里程碑	子里程碑	2020～2025年	2026～2035年
发展目标		精密光学镜头、大规模CMOS图像传感器、4K/8K高速处理芯片、编解码芯片等超高清产业核心元器件形成产业化能力	
		国产4K摄像机、专业视频监视器等前端设备形成产业化规模	
		4K电视机全面普及，8K电视机销量占超高清电视机总销量的比例超过15%	真实极致体验视音频的信息内容
		超高清视频产业产值达到7万亿～8万亿元	真实世界和虚拟世界混合体验的现实生活
		我国虚拟现实产业整体实力进入全球前列，攻克虚拟现实关键核心技术	全息影像和丰富感知的沉浸式体验
		我国虚拟现实产业产值超3000亿元	
		VR头戴设备达到世界领先水平，AR眼镜实现自主生产	
"十四五"期间行动计划	关键技术研发	加快精密光学镜头、大规模CMOS图像传感器、4K/8K高速处理芯片、编解码芯片等核心元器件的研发和国产化普及；突破国产4K摄像机、专业视频监视器研发及产业化瓶颈；突破虚拟现实技术关键核心技术；研发虚拟现实/增强现实动态环境建模、三维图像加速、自然人机交互等关键技术	
	关键项目	从技术、设备、内容、服务，构建超高清和虚拟现实/增强现实产业生态体系	
"十四五"期间政策支持		国家提出扶植国产化4K摄像机产业的政策和资金支持	
		制订针对超高清和虚拟现实关键核心技术的国家重大科技研究计划	
		建立4K/8K消费终端等级认证体系，制定4K/8K国家补贴政策，积极引导用户4K消费	
		从政策和资金上支持虚拟现实/增强现实用于典型领域，使得虚拟现实设备可以更加普及，从而由点到面进一步带动用户在其他领域使用虚拟现实设备	

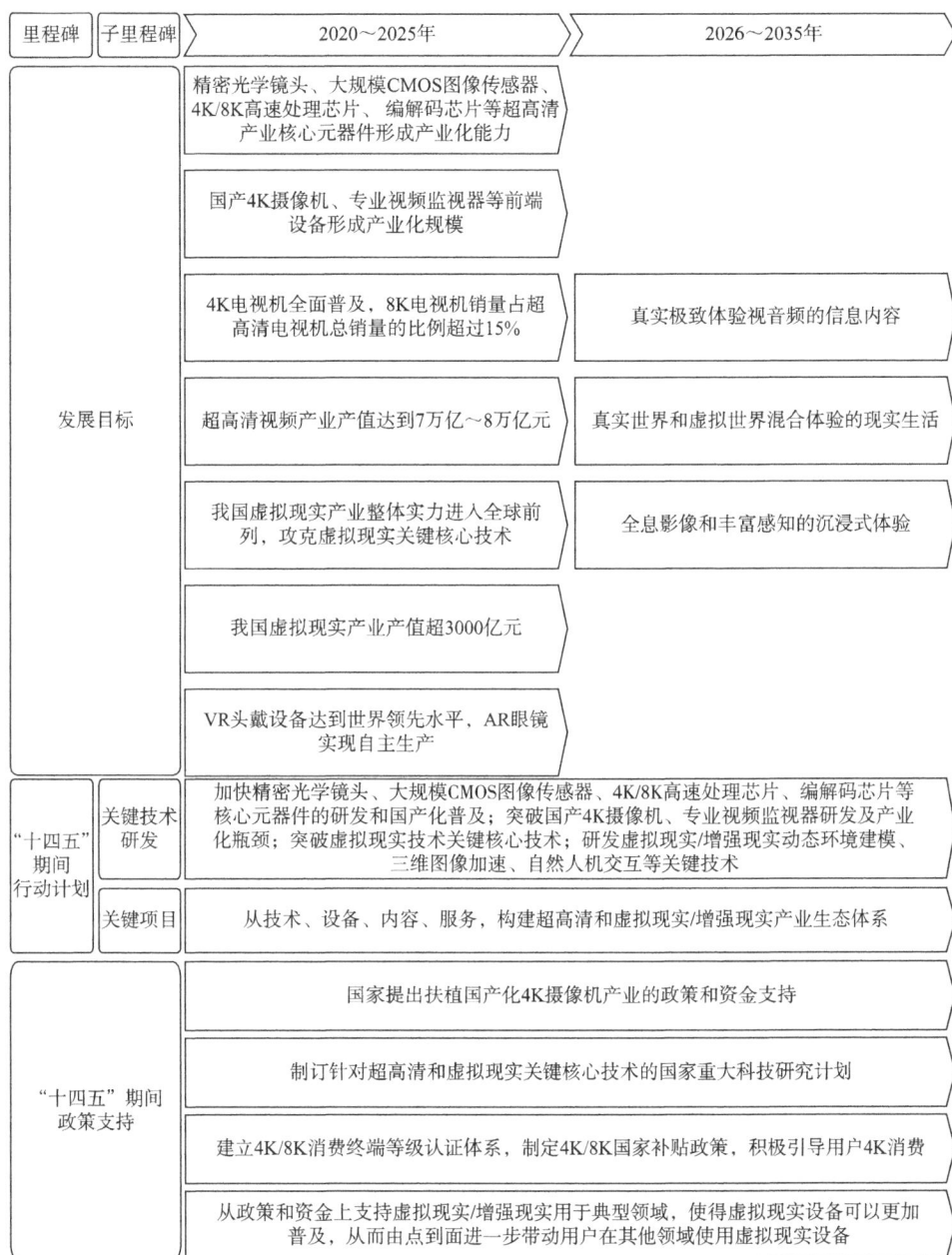

图 6.5　面向 2035 的数字服务融合体系发展路线图

五、超感知技术体系

依托于人工智能、大数据、区块链等使能技术支撑，2035 年将全面打破人与人、人与物、物与物之间的交互界限，实现人、物、数据之间无障碍的泛沟通体系，这会彻底改变数字创意内容生产、传播、消费和创新设计各环节的现有模式，形成全新的创意环境和体系。

超感知技术体系的关键技术呈以下三个阶段的发展趋势。

2020~2025 年：初步建立人、物、数据之间的沟通交互体系，构建人、物、数据之间的数字沟通交互安全体系，数字现实可打破人与人之间的地域壁垒、人与数据之间的系统障碍，实现人、物、数据之间无障碍的泛沟通体系。

2026~2030 年：全面建立人、物、数据之间的高效率的沟通交互体系。人机接口技术的发展会彻底改变人与物之间的交互方式。人类不仅可以通过声音、手势来控制机器，还可以利用表情，甚至是脑机接口等方式实现与机器的直接交互，将人机之间的交互方法从简单的机器智能，上升到语义理解。机器不仅能够懂得人类的语言，甚至能够理解人类的思想，进而实现与人的情感沟通。机器的理解能力与人类毫无差异，人机交互水平达到人人交互程度。

2031~2035 年：人与人之间无障碍创意创新协同，人与物之间无障碍设计创新合作，物与物之间无障碍设计生产联动。信息消费的主体将更加广泛。虚拟世界和现实世界并存，交相呼应，通过脑机接口技术可以把虚拟世界展现得更加清晰，更加完美，人类能够在两个世界之间无感切换。追求真实极致体验的视音频信息内容将随处可见。视音频内容呈现载体将逐步泛化，任何物品都可能成为视音频内容的呈现载体。实现任意时间、任意地点、任意对象的逼真场景还原，为个人、企业和社会带来巨大利益。面向 2035 超感知技术体系发展路线图如图 6.6 所示。

里程碑	子里程碑	2020～2025年	2026～2035年
发展目标		初步建立人、物、数据之间的沟通交互体系	人与人之间无障碍创意创新协同
		实现人机协作数字内容创作与创新设计	人与物之间无障碍设计创新合作
		构建人、物、数据之间的数字沟通交互安全体系	物与物之间无障碍设计生产联动
"十四五"期间行动计划	关键技术研发	研究数字创意产业中的数据采集技术与设备，实现数字内容消费者数据采集的全面性和准确性；研究数字内容生产工具、创新设计工具协同机制；研究基于物联网及区块链等技术的高效可信沟通交互体系	
	关键项目	制定人、物、数据之间的沟通交互标准，建立相关平台；制定信息沟通交互的可信协议，建成一套数字创意产业信息安全管理体系，保证数据的安全性	
"十四五"期间政策支持		推动人、物、数据之间的沟通交互体系建立	
		推动数字创意产业端到端数据安全体系建立	

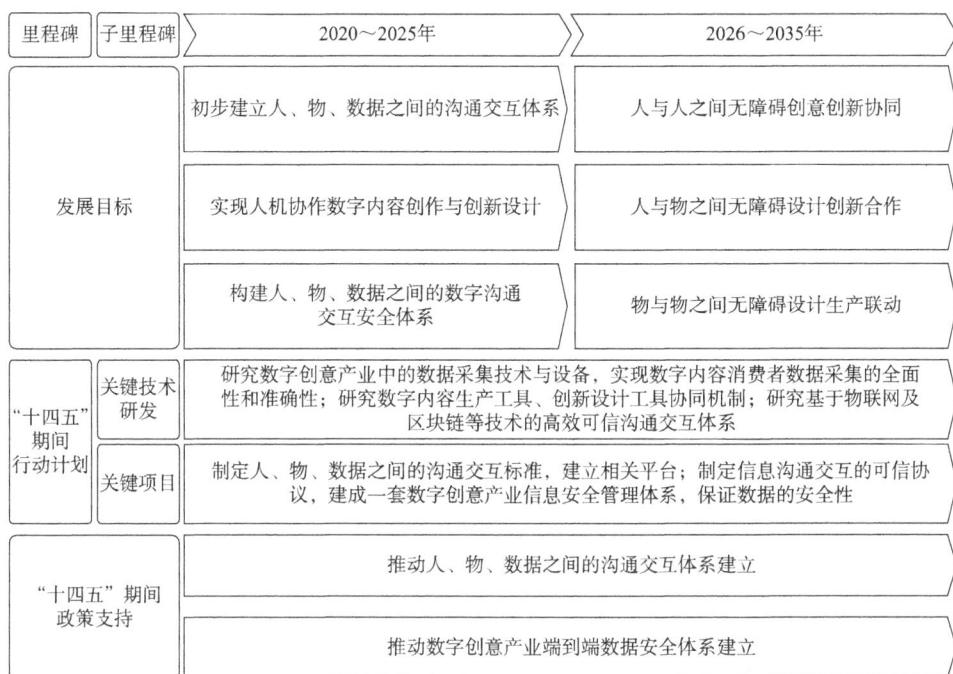

图 6.6　面向 2035 的超感知技术体系发展路线图

第七章 发展数字创意产业的对策措施及建议

当前中国数字创意产业发展的速度、规模和重要性远超人们的预期，数字创意产业将成为影响我国经济发展的重要一极。同时，数字创意产业的发展正处于重大机遇期，中国文化走出去步伐加快，中国人工智能和 5G 开始崛起并影响全球格局。面向未来，应该进行战略谋划和预判，为未来数字创意产业发展抢占制高点积蓄能量。

第一节 设立数字创意技术与装备国家科技重大专项

建议由科学技术部、国家发展和改革委员会及财政部设立数字创意技术与装备国家科技重大专项。加大数字创意技术与装备领域关键核心技术、关键元器件、高端产品、创新应用、软件平台与工具等的研发力度，解决数字创意技术与装备重点领域关键核心技术的短板和"卡脖子"的问题。

通过重大专项的实施，使我国在数字文化创意技术装备、数字内容创新和创新设计等领域形成具有国际竞争力的高新技术研发与创新体系，并在全球数字创意产业发展中发挥重要作用。我国数字技术创新与产业发展环境得到大幅优化，拥有一支国际化的、高层次的人才队伍，形成比较完善的自主创新体系，为我国成为世界科技强国、创意强国和文化强国做出重大贡献。

第二节 加快建设数字创意国家工程研究中心

发展数字创意产业需要数字创意技术、装备和数字文化内容协同创新。建议相关部门鼓励和支持在数字内容创新及技术与装备创新方面具有明显优势的省区市发展相关产业，有效组织数字创意产业相关的重点高校、科研机构和龙头企业研发相关技术，并设立数字创意国家工程研究中心。加快完善我国数字创意技术与装备创新和产业化支撑体系，提升我国数字创意产业的自主创新能力，增强我国数字创意产业核心竞争能力和发展后劲。

第三节 培育壮大数字内容创作和知识分享的平台型企业

建议国家发展和改革委员会培育壮大一批以数字内容创作和知识分享为主的平台型企业。鼓励一批短视频、直播、有声读物、网络文学等平台企业做大做强，提高国际竞争力。鼓励内容平台头部企业研发数字创作技术、审核监管技术、网络分发技术和信息安全技术。壮大或催生一大批以内容创作和知识分享为主的大数据及人工智能公司，推动人工智能技术的落地和深化发展。

第四节 培育壮大网红经济，推动数字创意与实体经济融合发展

建议文化和旅游部鼓励网红群体传递优秀文化，积极宣传典型网红群体，有效引导网红群体出海，提升民族、地域、文化和产业影响力，培育壮大网红群体和网红经济，推动文化旅游业发展。建议国家发展和改革委员会与工业和信息化部开展数字创意与实体经济的融合示范，鼓励企业实践新的商业营销和服务模式，构建和完善新的数字创意产业生态。

第五节 提高数字创意产业人才培养质量

数字创意产业作为国家战略性新兴产业之一，已经成为实现产业转型升级和经济跨越式发展的重要抓手。近年来，国家出台有利政策，推动着数字创意产业快速发展，但出现了巨大的人才缺口。建议教育部发展各类数字创意技术与装备教育，促进国际交流，构建数字创意技术与装备创新人才体系。提高数字创意产业人才培养质量，实施一流数字创意学院建设示范项目，在艺术、文化、科技、

商业等方面培养综合能力。鼓励原创作品培育原创人才，完善原创作品的鼓励机制，在数字内容作品创作初期，对创作人员给予一定的鼓励，提升优秀人才创造作品的积极性。

第六节　加快建设数字创意技术与装备服务体系

建议国家发展和改革委员会制定数字创意技术与装备发展产业政策，设立数字创意技术与装备发展基金，建立数字创意产业评价指标，设立开放开源服务平台，加快构建以企业为主体，市场为导向，产学研用协同的创新机制。建议文化和旅游部制定有效的数字内容质量监管和评价机制。建议司法部、国家版权局、国家知识产权局完善数字内容及原创设计的版权和知识产权保护法规，推进面向智能设计和智能生成内容的立法建设。建议加快建立新的不良信息监管机制和快速的响应机制，建立对内容平台和云服务平台的监管机制，前瞻性布局不良信息内容传播风险评估机构。鼓励通过技术手段消除不良信息影响，消除不良信息源，保障数字创意产业的健康有序发展。

第七节　打造具有国际影响力的数字创意之都

鼓励北京、上海、深圳、杭州等数字创意资源富集的城市建设综合性数字创意产业集聚区，推动数字创意与实体经济融合，打造具有国际影响力的数字创意之都。推动数字创意在会展、电子商务、医疗卫生、教育服务、旅游休闲等领域应用。加快体育竞赛表演产业转型升级和融合发展，打造一批高质量的国际旅游目的地。

参 考 文 献

蔡翔. 2019. 传统出版融合发展：进程、规律、模式与路径[J]. 出版科学，27（2）：5-14.

曹国忠，贺蕾，于晶晶. 2019. 虚拟交互辅助产品外观设计流程研究[J]. 机械设计，36（12）：134-139.

陈刚，宋玉玉. 2009. 数字创意产业发展研究[J]. 贵州社会科学，（2）：82-88.

陈光辉. 2020. 5G 与媒体融合[J]. 传媒，（8）：18-20.

陈军，张韵君，王健. 2019. 基于专利分析的中美人工智能产业发展比较研究[J]. 情报杂志，38（1）：41-47.

陈宇海. 2018. 三维声（3D Audio）音频技术方案与标准测试探讨[J]. 中国传媒科技，（3）：38-39.

创新设计发展战略研究项目组. 2017. 制造业创新设计[M]. 上海：上海交通大学出版社.

邓磊，王妙辉，范雷东，等. 2020. 我国数字创意技术发展现状与展望[J]. 中国工程科学，22（2）：63-70.

丁文华. 2018. 中国超高清 HDR、3D AUDIO 标准及应用[J]. 现代电视技术，（5）：69-73，42.

范周. 2018. 2018 中国文化产业年度报告[M]. 北京：知识产权出版社.

甘慧娟. 2019. 人工智能时代网络剧内容生产的变革与反思[J]. 中国编辑，（12）：84-89，96.

高楠，傅俊英，赵蕴华. 2020. 人工智能技术全球专利布局与竞争态势[J]. 科技管理研究，40（8）：176-184.

黄江杰，汤永川，孙守迁. 2020. 我国数字创意产业发展现状及创新方向[J]. 中国工程科学，22（2）：55-62.

黄瑞刚，徐建新，刘冰. 2019. 5G+4K 超高清视频产业发展前景展望[J]. 电视研究，（4）：4-7.

黄蕴华，李慧颖，黄璐艳. 2019. 超高清视频产业专利态势分析[J]. 电子知识产权，（7）：76-84.

惠慧，朱林林，何大治. 2015. 超高清电视发展趋势研究[J]. 电视技术，39（6）：22-26，100.

纪煜东. 2019. 虚拟现实技术在出版行业中的应用[J]. 青年记者，（8）：46-47.

李国杰，程学旗. 2012. 大数据研究：未来科技及经济社会发展的重大战略领域——大数据的研究现状与科学思考[J]. 中国科学院院刊，27：647-657.

李海东，许志强，别君华. 2019. 5G 时代广电的融合创新与价值创新[J]. 电视研究，（6）：11-13.

刘灏. 2019. 人工智能与计算机作曲：前提、技术与问题[J]. 音乐艺术（上海音乐学院学报），（4）：137-144，5.

鲁艳敏，钱尔赫. 2020. VR/AR 与出版传媒融合创新[J]. 传媒，（6）：8.

路甬祥. 2017. 论创新设计[M]. 北京：中国科学技术出版社.

潘云鹤. 2019. 中国创新设计发展路径研究[M]. 杭州：浙江大学出版社.

潘云鹤，丁文华，孙守迁，等. 2019. 数字创意产业发展重大行动计划研究[M]. 北京：科学出版社.

苏磊，杨晓新. 2019. 美国出版业人工智能应用研究[J]. 中国出版，（24）：65-68.

孙守迁，闵歆，汤永川. 2019. 数字创意产业发展现状与前景[J]. 包装工程，40（12）：65-74.

王铉，雷沁颖. 2019. 人工智能对中国音乐产业链的渗透与革新[J]. 现代传播（中国传媒大学学报），41：131-134.

王宇希，张凤军，刘越. 2018. 增强现实技术研究现状及发展趋势[J]. 科技导报，36（10）：75-83.

吴志强. 2018. 论新时代城市规划及其生态理性内核[J]. 城市规划学刊，（3）：19-23.

吴志强. 2018. 人工智能辅助城市规划[J]. 时代建筑，（1）：6-11.

徐保民，倪旭光. 2015. 云计算发展态势与关键技术进展[J]. 中国科学院院刊，30（2）：170-180.

徐志磊. 2016. 谈智能系统与创新设计的概念问题[J]. 装饰，（11）：12-13.

徐志磊，董占勋，于钊. 2019. 创新设计新思维[J]. 机械设计，36（4）：1-4.

杨天人，吴志强. 2017. 美国城市规划院校 2000—2014 年研究动态[J]. 城市规划学刊，（4）：10-19.

张立，王飚，李广宇. 2019. 中国数字出版产业年度报告：2018—2019[M]. 北京：中国书籍出版社.

赵沁平. 2009. 虚拟现实综述[J]. 中国科学（F辑：信息科学），39（1）：2-46.

Bhansing P V, Hitters E, Wijngaarden Y.2018. Passion inspires：motivations of creative entrepreneurs in creative business centres in the Netherlands[J]. The Journal of Entrepreneurship，27（1）：1-24.

Cho R L T，Liu J S，Ho M H C. 2018. What are the concerns? Looking back on 15 years of research in cultural and creative industries[J]. International Journal of Cultural Policy，24（1）：25-44.

Comunian R，England L. 2019. Creative clusters and the evolution of knowledge and skills：From industrial to creative glassmaking[J]. Geoforum，99：238-247.

Ernkvist M，Ström P. 2018. Differentiation in digital creative industry cluster dynamics：the growth and decline of the Japanese video game software industry[J]. Geografiska Annaler：Series B，Human Geography，100（3）：263-286.

Flew T. 2019. From policy to curriculum：drivers of the growth in creative industries courses in the UK and Australia[J]. Creative Industries Journal，12（2）：167-184.

Gong H W，Hassink R. 2017. Exploring the clustering of creative industries[J]. European Planning Studies，25（4）：583-600.

Guo Y M，Liu Y，Oerlemans A，et al. 2016. Deep learning for visual understanding：a review[J]. Neurocomputing，187：27-48.

Innocenti N，Lazzeretti L. 2019. Do the creative industries support growth and innovation in the wider economy? Industry relatedness and employment growth in Italy[J]. Industry and Innovation，26（10）：1152-1173.

Lange B，Schüßler E. 2018.Unpacking the middleground of creative cities：spatiotemporal dynamics in the configuration of the Berlin design field[J]. Regional Studies，52（11）：1548-1558.

Pan Y H.2016. Heading toward artificial intelligence 2.0[J]. Engineering, 2（4）: 409-413.

Protogerou A, Kontolaimou A, Caloghirou Y. 2017. Innovation in the European creative industries: a firm-level empirical approach[J]. Industry and Innovation, 24（6）: 587-612.

Psomadaki O I, Dimoulas C A, Kalliris G M, et al.2019. Digital storytelling and audience engagement in cultural heritage management: a collaborative model based on the Digital City of Thessaloniki[J]. Journal of Cultural Heritage, 36: 12-22.

Santoro G, Bresciani S, Papa A. 2020. Collaborative modes with Cultural and Creative Industries and innovation performance: The moderating role of heterogeneous sources of knowledge and absorptive capacity[J]. Technovation, 92/93: 102040.

Strandgaard Pedersen J, Slavich B, Khaire M. 2020.Technology and Creativity[M]. Cham: Springer International Publishing.

Švarc J, Dabić M.2017. Evolution of the knowledge economy: a historical perspective with an application to the case of Europe[J]. Journal of the Knowledge Economy, 8（1）: 159-176.

Tang Y C, Huang J J, Yao M T, et al. 2019. A review of design intelligence: progress, problems, and challenges[J]. Frontiers of Information Technology & Electronic Engineering, 20（12）: 1595-1617.

Thiel J.2017. Creative cities and the reflexivity of the urban creative economy[J]. European Urban and Regional Studies, 24（1）: 21-34.

Towse R. 2017. Economics of music publishing: copyright and the market[J]. Journal of Cultural Economics, 41（4）: 403-420.

Zhou J, Li P G, Zhou Y H, et al. 2018. Toward new-generation intelligent manufacturing[J]. Engineering, 4（1）: 11-20.